학습컨설팅 시리즈

01

# 학습전략 프로그램

## : 시간관리

Learning Strategies Program: Time Management

김정섭 · 강명숙 · 윤채영 · 정세영
김지영 · 김소영 · 황두경

박영story

# 머리말

미래에는 학습이 중심이 되는 시대가 올 것이며, 평생학습이 더 확산될 것이다. 그러나 아직까지 학교현장은 학습보다 교육에, 학생역량보다 교사역량에 더 초점을 두는 것 같다. 가르치는 사람이 교육의 주체라고 여기는 사람들이 여전히 많기 때문이다. 대부분의 사람들은 교사가 잘 가르치면 학생은 잘 배울 것이라고 믿는다. 그래서 많은 교육자들이 학습의 질은 교육의 질을 넘어설 수 없다고 말한다.

그러나 교육의 질과 학습의 질을 동의어로 보아서는 안 된다. 교사의 역량과 상관없이 학생이 자기주도적으로 학습할 때 더 잘 배울 수 있기 때문이다. 교사가 가르치는 역량을 높여야 학습이 잘 이루어진다는 생각은 학생을 지나치게 수동적인 존재로 보는 관점이다. 교사가 어떻게 가르치느냐에 따라 학생의 학습수준이 결정된다고 보기 때문이다.

우리는 이런 관점에서 벗어나 학생의 학습역량을 높이는 것이 무엇보다 중요하고 선결되어야 한다는 관점을 가지고 있다. 학생이 학습으로부터 도망가고 있는데, 교사의 수업역량만 개선하는 것은 문제의 본질을 건드리지 못하고 변죽만 울리는 꼴이다. 교사연수를 통해 교사의 역량을 향상시키려 하였으나 학생의 학습문제가 더 심각해지는 현실을 보면, 교육에 대한 관점의 전환이 필요한 시점임을 알 수 있다. 우리나라 학생들은 대부분 대학진학을 목표로 열심히 공부하면서 학창시절을 보내고, 대학진학 후에도 취업하기 위해 열심히 공부한다. 그러나 많은 대학생은 스스로 학습관리를 해 나가야 하는 학습환경 속에서 당혹감과 상실감을 경험한다. 대학 수업에 적합한 학습전략을 가지고 있지 않을 때 더욱 그렇다. 우리는 학업에 적응하지 못하는 대학생을 연구하며, 이러한 문제를 해결하기 위해 초등학생 및 중학생 때부터 학습전략을 익히고 활용하는 것이 중요하다는 것을 알게 되었다. 여러 해 동안 초등학교와 중학교에 학습전략 프로그램을 적용하며 그 효과를 연구하였고, 많은 연구물과 책을 발간하게 되었다. 그리고 기존의 책들을 정리하여 이 책을 재출간하였다.

특히 아직 스스로 학습하는 방법을 모르는 초등학생과 중학생들에게 이 학습전략 프로그램을 권하고 싶다. 또한 학교나 기타 교육기관도 학생들에게 단지 '열심히 공부하라'고 말하기보다는 이 프로그램을 도입하여 아이들이 진정한 꿈을 찾고 그 꿈을 달성하는 방법을 익히도록 도와주기를 권한다.

이 책은 다음과 같이 구성되어 있다. 첫 권은 시간관리에 관한 것이다. 학습의 양은 실제로 학습한 시간에 정비례한다. 학습하기 위해 사용한 시간이 많을수록 배운 것이 더 많다는 것이다. 여기서 중요한 점은 책상에 앉아 있는 시간이 아니라 집중해서 학습한 시간의 양이다. 목표의식을 잃은 아이들은 학습에 집중하지 못하고 왜 학습해야 하는지도 모른다. 따라서 학습은 시간관리부터 시작해야 한다. 이 책의 안내에 따라 교육받은 학생은 자신의 꿈을 찾는 것과 그 꿈을 이루기 위해 시간을 효과적으로 관리하는 방법을 배우게 될 것이다.

둘째 권의 집중전략 부분에서는 집중이 잘되는 환경을 만들고, 집중력을 높이는 다양한 방법이 소개되어 있다. 이 책에서는 학생들이 자신의 어떤 집중력이 부족한지 파악하고 그것을 극복하는 방법을 배우게 될 것이다.

셋째 권은 기억전략의 내용을 담고 있다. 아무리 많은 시간 동안 집중해서 공부했더라도 자고 나서 그것을 잊어버린다면 정말 안타까울 것이다. 따라서 배운 것을 잘 기억하는 방법을 익히면 그렇지 않은 학생에 비해 더욱 학업성취도를 높일 수 있을 것이다.

넷째 권의 읽기전략 부분에서는 사칙연산이라는 신선한 접근법을 통하여 읽기전략을 쉽게 가르치고 배울 수 있다. 특히 대부분의 학생들이 어려워하는 추론하면서 읽기 부분을 세분화하여 단계별로 학습할 수 있도록 구성하였다.

다섯째 권의 시험관리는 평소 공부습관과 시험에 대한 태도부터 시험 직전까지의 준비와 실제 시험상황 그리고 시험 후의 분석까지 체계적으로 알려주고 있다. 또 시험불안에 대한 정도를 알아보고 이를 극복할 수 있는 방안까지 제시하고 있어서 시험에 대한 걱정이 많은 학생들에게 도움이 될 것이다.

이 다섯 가지의 학습전략 프로그램은 학습컨설턴트나 교사가 학생들에게 쉽게 전달할 수 있도록 수업지도안 형태로 구성되었으므로, 전문가가 학생들에게 쉽게 전달할 수 있는데 조금이나마 도움이 되리라 믿어 의심치 않는다. 많은 이들이 사용해보고 피드백을 연구진에게 전해 준다면, 점차 더 좋은 책으로 발전되리라 확신한다.

OECD 국가 중 행복지수에서 우리나라가 항상 하위권에 머무르고 있다. 더구나 학생들의 행복지수는 거의 꼴등에 가까운 것이 현실이다. 따라서 이 책을 통해 많은 아이들이 학습에 있어서 진정한 행복을 느낄 수 있기를 진심으로 바라는 바이다. 끝으로 이 연구결과물이 나올 수 있게 도움을 주신 많은 분들께 감사의 말을 전한다.

**저자를 대표하여 김 정 섭**

# 목 차



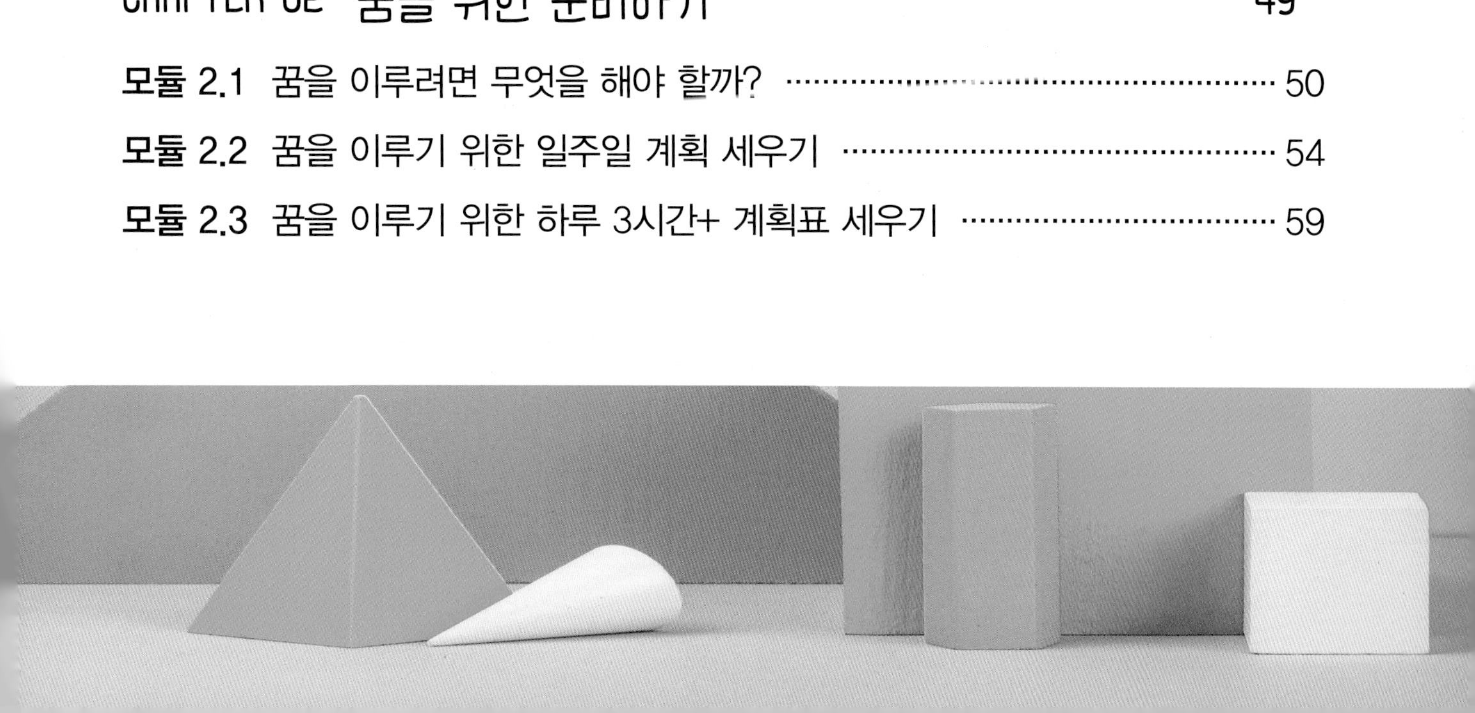

## CHAPTER 03 꿈으로 가는 시간 만들기 67



## CHAPTER 04 꿈을 향해 나아가기 85

chapter 00

# 학습전략 프로그램 안내

CHAPTER 00

# 학습전략 프로그램 안내

Information of Learning Strategy Program

## 1. 개요

학습전략 프로그램은 학교기반 학습컨설팅 과정(윤채영, 김정섭, 2015)에 따라 초등학교와 중학교에 적용했던 현장연구를 기반으로 수정 · 보완한 것이다. 본 프로그램은 진단에 근거하여 학생들의 특성에 맞게 맞춤형으로 적용되었고, 학교마다 학생들의 다양한 학습전략 수준과 학습문제 유형 및 특성에 따라 다르게 구성된 프로그램이 적용되었다. 예를 들어, A초등학교에서는 읽기와 시간관리를 주로 다루는 프로그램이 운영되었고, B초등학교에서는 학생들의 진단결과와 담당교사의 요청에 따라 시간관리 프로그램만 운영되었다. C초등학교에서는 집중력과 기억력을 주로 다루는 프로그램, D와 E초등학교에서는 전반적인 학습전략의 이해를 안내하는 방식의 프로그램이 운영되었다. 또한 F중학교에서는 학습부진학생들을 대상으로 방과후 수업에 처치 목적으로 운영되었고, G중학교에서는 학급단위 전체 학생들을 대상으로 창의적 체험활동 수업에 예방 목적으로 운영되기도 하였다.

**본 연구팀이 학교현장에 프로그램을 적용해 본 경험으로 알게 된 것은,**

첫째, 학교에서 연구팀에 의뢰하는 학생들은 대다수 학습습관이 형성되지 않아 학습부진이 발생한 학생들이었다. 이들은 전반적으로 학습전략에 대한 이해와 실천이 부족하므로 이 두 가지를 병행하는 프로그램을 제공할 필요가 있었다. 또한 몇 가지 활동으로만 흥미를 주는 기존 학습전략 프로그램으로는 이러한 학생들의 학습습관을 변화시키기가 어려웠다. 학습전략 프로그램을 방과후 수업이나 창의적 체험활동 시간을 통해 한 주에 한 번씩 운영하여 학습습관의 지속성을 높이고, 그 내용을 다른 교과 담당교사나 교과보충 담당교사에게 전달하여 교과학습에서 학습전략을 사용할 수 있는 기회를 제공할 필요가 있었다.

둘째, 학업성취 수준이 낮은 학생들은 크게 두 가지 유형으로 나누어졌다. 먼저 학습문제가 쉽게 관찰되는 유형은 행동의 문제를 가진 학생들이었다. 이 학생들은 시간관리나 주변 환경관리가 잘 안되고, 주의력 부족으로 인해 학습저해행동을 자주 했다. 반면 학습문제가 잘 드러나지 않는 유형은 인지적 문제를 가진 학생들이었다. 성실하고 과제수행에 지체가 없으며 수업저

해행동을 하지 않는 착실한 학생이지만, 글 이해나 기억력 수준이 낮은 학생들이었다. 즉, 학습 행동의 변화를 필요로 하는 학생과 인지적 학습활동에 대한 처치가 요구되는 학생으로 구분되었다.

셋째, 학업성취수준이 낮은 학생은 지나치게 자신을 과대평가하거나 과소평가하는 경향을 보였다. 이로 인해 자신에 대한 인식이 정확하지 않아 자기보고식 진단검사 외에도 교사의 관찰이나 학생의 실제 수행능력을 분석하여 학습문제를 진단하는 것이 필요하였다. 또한 자기평가와 자기점검의 능력을 향상시키기 위해 초인지 전략을 훈련시킬 필요가 있었다.

넷째, 학습전략 사용수준은 학년에 따라 구별되는 것이 아니었다. 초등학생이라 하더라도 학습전략 사용수준이 최상인 학생이 있는 반면, 중학생인데도 학습전략 사용수준이 낮은 학생들이 많았다. 따라서 학생의 학습전략 사용수준을 파악하여 그에 맞는 처치를 할 수 있도록 기초수준부터 심화수준까지 수준별 프로그램을 제작할 필요가 있었다.

다섯째, 공부를 많이 하지만 학업성적이 낮은 학생들은 기초 기억전략(시연, 정교화 전략, 조직화 전략, 파지 및 회상 등)을 잘 사용하지 못했다. 이에 따라 기존 학습전략 프로그램과 같이 집중력이나 기억력을 한두 차시 다루고 넘어가는 것이 아니라, 각 주요 전략들을 집중적으로 다루어 한 영역의 전략들을 학생들이 충분히 이해하고 연습할 수 있도록 구체적인 단계로 나눌 필요가 있다는 것을 알 수 있었다.

마지막으로, 학습전략 프로그램은 집단에 따라 다양하게 구성되었다. 학습전략 프로그램의 목적과 대상 학생의 특성에 따라 학급, 소집단, 개별 단위로 운영될 필요가 있었다.

### 이런 인식을 토대로 개발한 학습전략 프로그램은,

구체적인 학습전략을 이해하는 활동과 연습하여 익힐 수 있는 실천 활동을 포함한다. 학습전략 프로그램은 학습전략 사용수준에 따라 여러 단계와 내용으로 나누어진 학습모듈 형태이다. 각 모듈은 20분 단위로 제작되었으며, 학생의 수준에 따라 하나 혹은 여러 개의 모듈을 조합하여 사용할 수 있다. 이에 따라 교사나 학습컨설턴트는 참여하는 대상에 맞춰 프로그램을 재구성할 수 있다.

# 2. 학습전략 프로그램 내용

## 가. 프로그램의 특징

- 학습전략 프로그램은 학습전략 사용수준이 낮은 학생부터 학습전략을 어느 정도 사용하는 학생까지 적용대상을 확대할 수 있도록 전반적인 학습전략을 다루고 있다. 프로그램은 학습전략사용의 수준의 따라 낮은 단계부터 높은 단계의 모듈로 구성되어 있어 어느 수준에 있는 학생이든 그 수준에 맞는 모듈을 취사선택할 수 있도록 되어 있다.

- 학습전략 프로그램은 학습전략의 이해 → 실천 → 점검의 과정으로 구성되어 있다. 학생은 학습전략을 사용하는 이유를 먼저 이해하고, 그 이해를 바탕으로 학습전략을 충분히 연습한 후, 학습전략 수준을 스스로 평가하는 과정을 거친다.

- 학습전략 프로그램은 학습전략 사용수준이 낮은 학생도 기초 전략부터 순차적으로 익힐 수 있도록 구성되어 있다.

- 학습전략 프로그램은 교사나 학습컨설턴트가 프로그램을 구성할 때 목적과 대상에 맞게 예방적 접근과 처치적 접근, 집단과 1:1 개별 적용이 모두 가능하다.

## 나. 프로그램 내용 모형

본 프로그램은 집중력관리, 학습동기관리, 기억력관리, 시간관리 및 목표설정의 기본 학습전략과 수업관리, 시험관리, 과세관리의 학습상황에서 사용되는 보조 학습전략으로 구성되어 있다.

본 프로그램에서는 학생의 학습습관을 형성하고 동기를 부여하는 목표설정과 시간관리, 과제관리를 하나로 묶어 1) 시간관리 프로그램을 개발하였고, 학업성취가 저조한 주요 원인을 해결하는 동시에 학습의 근간이 되는 2) 집중전략 프로그램과 3) 기억전략 프로그램, 그리고 학습자료 파악에 핵심능력이 되는 4) 읽기전략 프로그램을 포함하였다. 마지막으로 학습에 투여된 노력이 성과로 나타나기 위해서는 시험을 준비하는 방법에 대한 이해와 연습이 필요하다는 연구자들의 현장경험을 반영해 5) 시험관리 프로그램을 포함시켰다. 수업관리는 집중전략과 기억전략의 4단계에 포함하였다. 이에 본 학습전략 프로그램은 5개 영역(① 시간관리, ② 집중전략, ③ 기억전략, ④ 읽기전략, ⑤ 시험관리) 으로 구성되었다.

촉진기술인 관찰, 칭찬, 성찰은 교사나 학습컨설턴트가 프로그램을 진행하거나 전문성을 함양하는데 요구되는 기술이다. 먼저, 관찰은 교사나 학습컨설턴트가 학생들이 학습상황에서 보이는 특성이나 문제를 파악하고, 학생의 변화를 면밀히 살핀 후 적절한 처치를 하는데 필요하다. 그리고 학생들의 약점보다는 강점을 칭찬하여 강점을 중심으로 성장해 나갈 수 있도록 하는 것을 지도 목표로 삼아야 할 것이다. 마지막으로 성찰은 프로그램 운영 후 수업방법, 학생과의 상호작용 등을 성찰하여 다음 프로그램을 개선시켜 나가야 한다.

본 프로그램을 운영하는 교사나 학습컨설턴트는 목표설정, 시간관리, 집중전략, 기억전략, 읽기전략과 같은 기본적 학습전략을 익혀 수업이나 시험, 과제 수행 등 특정상황에 적절한 학습전략을 사용할 수 있도록 학생을 지도해야 한다. 그리고 그 지도 과정에 관찰, 칭찬, 성찰의 촉진기술을 사용하여 학생들과 긍정적으로 상호작용하며 프로그램 운영과정을 적절히 변화시켜 나갈 수 있는 전문성을 겸비해야 한다.

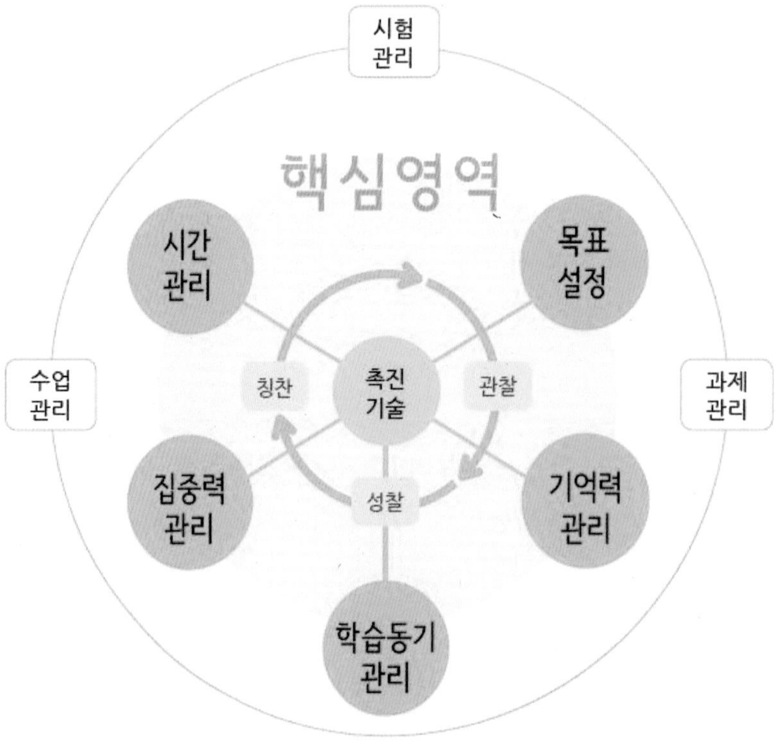


[그림 1] 자기주도적 학습역량강화

## 다. 프로그램 모듈 구성 모형

| 과정 \ 단계 | | 전략 수준의 단계 | | | |
|---|---|---|---|---|---|
| | | 1단계 | 2단계 | 3단계 | 4단계 |
| 전략습득과정 | 이해 | | | | |
| | 실천 | | | | |
| | 점검 | | | | |

학습전략 사용에 결손을 가진 학생이 학습전략을 효과적으로 익히는 과정은 이해 → 실천 → 점검이다. 학습전략 습득과정은 학습전략에 대해 이해하고, 실제 연습해 보면서 전략을 제대로 사용한 것인지 점검을 통해 자신에게 맞는 학습전략을 익히는 것이다.

학습전략 프로그램은 학습전략 수준이나 과정에 따라 단계별로 되어 있다. 집중전략, 기억전략, 읽기전략 영역은 1~4·5단계로 나눠 있다. 하위 수준인 1단계에서 점차 수준이 높아지도록 되어 있고, 마지막 단계에서는 학습상황에 맞게 앞서 배운 전략을 종합하여 적용해 보도록 되어 있다. 시간관리와 시험관리는 단계를 수준이 아니라, 절차적 과정으로 나눠 1단계에서 4단계까지 진행되면서 일련의 시간관리나 시험관리 과정과 전략을 익히도록 되어 있다.

## 라. 프로그램의 영역별 모듈 구성

### 1) 시간관리

| 영역 | 단계 / 주제에 따른 모듈 | 1단계 | 2단계 | 3단계 | 4단계 |
|---|---|---|---|---|---|
| 시간관리 | 주제 | 꿈 찾기<br>〈진로〉 | 꿈을 위한<br>준비하기<br>〈시간계획〉 | 꿈으로 가는<br>시간 만들기<br>〈시간의 중요성<br>인식〉 | 꿈을 향해<br>나아가기<br>〈시간계획의 실천〉 |
| | 모듈<br>1 | [이해]<br>나는 미래에<br>어떤 모습일까? | [이해]<br>꿈을 이루려면<br>무엇을 해야 할까? | [이해]<br>시간관리는 왜<br>중요할까? | [이해]<br>시간 낚시하기 |
| | 모듈<br>2 | [이해]<br>꿈 주령구 만들기 | [이해]<br>꿈을 이루기 위한<br>일주일 계획<br>세우기 | [이해]<br>꿈을 이룬<br>위인들의 시간관리<br>엿보기 | [이해]<br>시간 매트릭스 |
| | 모듈<br>3 | [이해]<br>다양한 직업 알기 | [이해]<br>꿈으로 가는 하루<br>3시간+ 계획표<br>작성하기 | [이해]<br>시간개념 알아보기 | [실천 및 점검]<br>시간 사용<br>점검하기 |
| | 모듈<br>4 | [이해]<br>꿈 나무 만들기<br>(모둠활동) | | [이해]<br>나의 하루<br>살펴보기 | [실천 및 점검]<br>미루기 극복하기 |
| | 모듈<br>5 | [이해]<br>꿈 지도 만들기<br>(개별활동) | | | |

## 2) 집중력

<table>
<tr><th rowspan="2">영역</th><th rowspan="2">단계<br>주제에 따른 모듈</th><th colspan="4">단계</th></tr>
<tr><th>1단계</th><th>2단계</th><th>3단계</th><th>4단계</th></tr>
<tr><td rowspan="6">집중력</td><td>주제</td><td>집중이 잘되는 환경 만들기 〈환경관리〉</td><td>청각적 주의집중력 〈기초수준의 집중력 훈련〉</td><td>시각적 주의집중력 〈기초수준의 집중력 훈련〉</td><td>학습 주의집중력 〈심화수준의 집중력 훈련〉</td></tr>
<tr><td>모듈 1</td><td>[이해]<br>집중력이란 무엇일까?</td><td>[이해]<br>청각적 주의집중력이란 무엇일까?</td><td>[이해]<br>시각적 주의집중력이란 무엇일까?</td><td>[이해]<br>수업에서 주의집중력 관리하기</td></tr>
<tr><td>모듈 2</td><td>[이해]<br>나의 공부환경 알아보기</td><td rowspan="3">[연습활동]<br>- 2.2. 동요 듣고 가사 따라 그리기<br>- 2.3. 오른손, 왼손 게임, 숫자 더하기 게임하기<br>- 2.4. 듣고 기억하기<br>- 2.5. 모눈종이 그리기<br>- 2.6. 귓속말 전달하기<br>- 2.7. 이야기 듣고 답하기</td><td rowspan="3">[연습활동]<br>- 3.2. 서로 다른 부분 찾기<br>- 3.3. 숨은 글자 찾기<br>- 3.4. 숨은 그림 찾기<br>- 3.5. 거울 그림 그리기<br>- 3.6. 패턴 인식하기 · 패턴 기억하기<br>- 3.7. 이야기 읽고 답하기</td><td>[연습활동]<br>집중해서 읽은 내용 정리하기</td></tr>
<tr><td>모듈 3</td><td>[이해]<br>집중이 잘 되는 환경 만들기</td><td>[연습활동]<br>집중해서 보고 들은 내용 정리하기</td></tr>
<tr><td>모듈 4</td><td>[이해]<br>집중이 잘 되는 마음가짐</td><td>[실천 및 점검]<br>학습 주의집중력 점검하기</td></tr>
<tr><td>모듈 5</td><td>[실천 및 점검]<br>집중 환경 점검하기</td><td>[실천 및 점검]<br>2.8. 청각적 주의집중력 점검하기</td><td>[실천 및 점검]<br>3.8. 시각적 주의집중력 점검하기</td><td></td></tr>
</table>

### 3) 기억력

| 영역 | 단계 / 주제에 따른 모듈 | 1단계 | 2단계 | 3단계 | 4단계 |
|---|---|---|---|---|---|
| 시간관리 | 주제 | 기억의 과정과 작업기억전략 | 기초 장기기억전략 | 심화 장기기억전략 | 수업장면에서 기억력 관리 |
| | 모듈 1 | [이해] 기억력이란 무엇일까? | [이해] 끼리끼리 모아서 외우기 | [이해] 이야기 만들어 외우기 | [실천 및 점검] 수업장면에서 기억력 관리 |
| | 모듈 2 | [연습활동] 작업기억력 높이기 | [이해] 첫 글자만 모아서 외우기 | [이해] 표 만들어 외우기 | |
| | 모듈 3 | [연습활동] 보고보고 또 보면서 외우기 | [이해] 머릿속에 그려서 외우기 | [이해] 서로서로 연결해서 외우기 | |
| | 모듈 4 | [연습활동] 싹둑싹둑 잘라서 외우기 | | | |

### 4) 읽기전략

| 영역 | 단계 / 주제에 따른 모듈 | 단계 | | | | |
|---|---|---|---|---|---|---|
| | | 1단계 | 2단계 | 3단계 | 4단계 | 5단계 |
| 시간 관리 | 주제 | 글의 의미대로 나누기 〈읽기의 사칙연산; 나눗셈(÷)〉 | 글의 의미에 맞게 연결하기 〈읽기의 사칙연산; 덧셈(+)〉 | 글의 핵심의미만 오려내기 〈읽기의 사칙연산; 뺄셈(−)〉 | 글의 행간의미 배가하기 〈읽기의 사칙연산; 곱셈(×)〉 | 글 읽기의 실제 〈읽기 전 · 중 · 후 전략 익히기〉 |
| | 모듈 1 | [이해] 글이란 무엇이고, 어떻게 구성되어 있을까? | [이해] 글은 어떻게 연결되어 있을까? | [이해] 글에서 중요한 내용은 무엇일까? | [이해] 숨은 의미를 어떻게 찾을까? | [이해] 글을 읽기 전, 무엇을 해야 할까? |
| | 모듈 2 | [연습활동 1수준] 문장을 의미중심으로 나누기 | [연습활동] 문장 연결하기 | [연습활동 1수준] 제목, 중심내용, 세부내용 구분하기 | [연습활동 1수준] 숨은 의미 찾기 | [연습] 글 이해 전략 익히기 |
| | 모듈 3 | [연습활동 2수준] 문단을 의미중심으로 나누기 | [연습활동] 문장 이어주는 말 찾기 | [연습활동 2수준] 제목, 중심내용, 세부내용 연결하기 | [연습활동 2수준] 숨은 의미 상상하기 | [실천 및 점검] 글 이해 전략 실천하기 |
| | 모듈 4 | [실천 및 점검] 읽기의 나눗셈 실천하기 | | [연습활동 3수준] 제목, 중심내용, 세부내용 구분하고 요약하기 | | |

## 5) 시험관리

| 영역 | 단계 / 주제에 따른 모듈 | 1단계 | 2단계 | 3단계 | 4단계 |
|---|---|---|---|---|---|
| 집중력 | 주제 | 시험준비 방법 알기 | 시험준비 시작하기 〈행동 조절〉 | 시험불안 극복하기 〈정서조절〉 | 시험치기 전략 알기 〈인지조절〉 |
| | 모듈 1 | [이해] 시험관리란 무엇일까? | [이해] 목표점수는 어떻게 정할까? | [이해] 시험불안이란 무엇일까? | [이해] 시험치기 전략이란 무엇일까? |
| | 모듈 2 | [이해] 공부습관 알아보기 | [이해] 시험범위 확인과 시험공부 방법 정하기 | [이해] 시험불안 수준 알아보기 | [실천] 시험치기 전략 활용하기 |
| | 모듈 3 | [이해] 시험준비 방법 알아보기 | [이해] 공부시간 계산하기 | [이해] 시험불안 극복 방법 1 | [점검] 시험결과 분석하기 |
| | 모듈 4 | | [이해] 시험계획 세우기 | [이해] 시험불안 극복 방법 2 | [점검] 오답노트 작성하기 |
| | 모듈 5 | | | | [점검] 시험 후 다짐하기 |

## 마. 프로그램 활용자료

### 1) 수록된 수업 자료

본 프로그램은 교사나 학습컨설턴트가 바로 활용할 수 있는 수업자료가 함께 제공된다. 제공되는 자료는 수업지도안 및 교사용 활동지, 수업용 파워포인트 자료가 첨부되어 있다. 단, 답안이 표시되지 않은 학생용 활동지는 학생들이 학생용 워크북을 구입하여 사용하도록 하고 있다.

- 수업 지도안 및 교사용 활동지
- 수업용 파워포인트(PPT) 자료

### 2) 기타 준비물(권장사항)

기타 준비물로 모둠활동에 필요한 준비 자료가 수업용 지도안에 상세히 표기되어 있다. 수업 전에 지도안을 꼼꼼히 확인하여 명시된 모둠 준비물(예: 도화지, 색연필, 종, 주사위 등)을 미리 준비해 두는 것이 좋다. 학생들의 동기부여를 위해 외적 보상인 스티커나 사탕, 혹은 가벼운 상품 등을 준비할 수 있다.

- 모둠활동 준비물
- 간단한 강화물

# 3. 학습전략 프로그램 활용방법

학습전략 프로그램에는 학습전략의 5개 영역(시간관리, 집중력, 기억력, 읽기, 시험관리)이 학습전략의 습득과정과 단계에 따른 모듈로 제시되어 있다. 단계별 모듈구성의 장점은 교사나 학습컨설턴트가 관찰이나 심리검사 결과로 알게 된 학생의 문제를 해결하기 위한 프로그램을 할애된 시간에 맞게 구성해서 사용할 수 있는 것이다. 예를 들어 수업시간에 끊임없이 수업저해 행동을 하고 교사의 지시사항을 잘 숙지하지 못하며, 가정에서 과제도 해오지 않는 학생이 있다면 집중전략과 시간관리 프로그램을 학습전략사용 수준에 맞게 구성해서 사용할 수 있다. 프로그램 운영 시간이 충분하지 않은 상황이라면, 집중전략과 시간관리 모듈 중 학생에게 꼭 필요한 모듈만 선별해 자습시간이나 방과후 보충학습시간에 10－20분간 지도해 볼 수도 있다. 또는 학생이 수업 시간에 태도가 좋으며 계획한 대로 학습을 하고 과제도 성실히 잘하지만 학습부진을 겪고 있다면, 읽기전략이나 기억전략 프로그램을 적용해 학습의 인지적 측면을 충분히 사용하도록 지도한다. 이로써 내재적인 학습이 일어나고 그것이 학업성취로 이어지는 재미를 맛보는 경험을 해보도록 한다.

**지금까지 본 연구팀의 프로그램 운영 경험에 따르면,**

초등학생은 학습전략을 구체적으로 배운 경험이 많지 않고 아직 학습량이 많지 않으며 어려운 과제에 대한 부담이 크지 않아 시간적 여유가 있기 때문에, 여러 영역의 학습전략을 쭉 훑듯 한꺼번에 가르치는 것보다 한 학기에 한 영역씩 순차적으로 배워나가는 것이 더 효과적이다(예, 4학년 1학기; 시간관리 → 4학년 2학기; 집중력전략 → 5학년 1학기: 기억력전략 → 5학년 2학기: 읽기전략 → 6학년 1학기: 시험관리). 학습전략을 배우기 시작하는 좋은 시점에 대해 교사나 학습컨설턴트에 따라 생각이 다르겠지만, 본 연구팀은 가능한 초등학교 4학년 이후에 일찍 접하는 것이 좋다는 생각이다. 본 학습전략 프로그램은 초등 4학년부터 배울 수 있는 수준으로 되어 있다. 다만 초등 4학년 학생들에게는 집중력전략과 기억력전략, 시간관리와 같은 학습전략의 기본이자 핵심인 전략을 먼저 지도하도록 추천한다.

프로그램의 운영 목적에 따라 예방적 차원의 접근이라면 앞서 제시한 초등학생의 예시처럼 영역 순서대로 순차적으로 운영하는 것이 바람직할 것으로 생각된다. 하지만 처방적 차원의 접근으로 학생의 특성과 문제점을 정확히 파악하고 있다면 프로그램 모듈을 교사가 선별하여 학생의 학습문제 해결을 위한 단기적 처치를 제공하는 것이 최선일 것이다.

## 가. 학습전략 프로그램의 학습모듈

학습모듈이란 학습교재 또는 학습교재 개발을 위한 기초자료이다(최동선 외, 2014). 학습모듈은 잘 정의된 프로그램의 전체 구성의 일부분으로, 모듈은 여러 프로그램 구성자에 의해 나눠질 수 있으며 모듈이 서로 모여 하나의 완전한 프로그램이 만들어질 수 있다. 즉, 자율적이고 독립적인 학습단위로써 학습모듈을 생각할 수 있다(Finch & Crunkilton, 1999). 모듈이 어떻게 체계적이고 논리적인 흐름으로 구성되느냐는 그 체계와 논리를 구성하는 사람에 따라 달라질 수 있다.

본 학습전략 프로그램은 시간관리 16개, 집중력전략 25개, 기억력전략 11개, 읽기전략 17개, 시험관리 16개 총 85개 학습모듈로 구성되어 있다. 학습전략 프로그램의 학습모듈은 어떤 프로그램 구성자가 어떤 목적으로 어떤 대상을 위해 모듈을 어떻게 구성하느냐에 따라 모두 다른 학습프로그램으로 완성될 수 있는 구조이다. 이런 학습모듈단위로 학습전략 프로그램이 구성됨으로써 맞춤형 학습전략 프로그램의 구성이 가능하다.

| 구분 | 시간관리 | | | |
|---|---|---|---|---|
| | 1단계 | 2단계 | 3단계 | 4단계 |
| 이해 | 모듈 1-1 | 모듈 2-1 | 모듈 3-1 | 모듈 4-1 |
| 이해 | 모듈 1-2 | 모듈 2-2 | 모듈 3-2 | 모듈 4-2 |
| 이해, 실천 | 모듈 1-3 | 모듈 2-3 | 모듈 3-3 | 모듈 4-3 |
| 실천 | 모듈 1-4 | | 모듈 3-4 | 모듈 4-4 |
| 실천, 점검 | 모듈 1-5 | | | |

| 구분 | 집중력 | | | |
|---|---|---|---|---|
| | 1단계 | 2단계 | 3단계 | 4단계 |
| 이해 | 모듈 1-1 | 모듈 2-1 | 모듈 3-1 | 모듈 4-1 |
| 이해, 실천 | 모듈 1-2 | 모듈 2-2 | 모듈 3-2 | 모듈 4-2 |
| 실천 | 모듈 1-3 | 모듈 2-3 | 모듈 3-3 | 모듈 4-3 |
| 실천 | 모듈 1-4 | 모듈 2-4 | 모듈 3-4 | 모듈 4-4 |
| 실천, 점검 | 모듈 1-5 | 모듈 2-5 | 모듈 3-5 | |

**맞춤형 학습전략프로그램**

| | |
|---|---|
| 시간관리 모듈 1-1 | 시간관리 모듈 1-2, 3 |
| 시간관리 모듈 2-1 | 시간관리 모듈 3-1 |

▶

| | |
|---|---|
| 집중력 모듈 1-2 | 집중력 모듈 2-1, 2 |
| 집중력 모듈3-1, 2, 3 | 집중력 모듈 4-1 |

▼

| | |
|---|---|
| 기억력 모듈 1-1, 2 | 기억력 모듈 2-1, 2, 3 |
| 기억력 모듈3-1 | 기억력 모듈 4-1 |

◀

| 구분 | 기억력 | | | |
|---|---|---|---|---|
| | 1단계 | 2단계 | 3단계 | 4단계 |
| 이해 | 모듈 1-1 | 모듈 2-1 | 모듈 3-1 | 모듈 4-1 |
| 이해, 실천 | 모듈 1-2 | 모듈 2-2 | 모듈 3-2 | |
| 실천 | 모듈 1-3 | 모듈 2-3 | 모듈 3-3 | |
| 실천 | 모듈 1-4 | | | |

[그림 2] 학습모듈단위 맞춤형 학습전략프로그램 구성 방법

## 나. 맞춤형 학습전략 프로그램 설계 및 운영방법

**1) 진단**

- 심리검사 실시
- 학생 관찰 및 면담 실시
- 학생의 기존 학습수행내용 분석
- 진단결과 분석
- 문제정의

**2) 프로그램 설계**

- 문제해결방향과 목표설정
- 문제해결을 위한 학습전략 주제 선정
- 문제해결 수준에 맞는 학습모듈 선정
- 처치프로그램 설계

**3) 프로그램 운영**

- 처치프로그램 운영
- 학생 반응 관찰 및 면담
- 프로그램의 문제해결 적절성 여부 점검 (학생의 변화 관찰 및 운영 성찰)

**4) 종결**

- 문제해결 및 개선정도 평가
- 프로그램의 목표 부합성 평가
- 학생만족도 평가

### 1) 진단

진단은 표준화된 자기보고식 학습전략검사를 주로 사용한다. 자기 능력에 대한 인식 수준이 높은 학생일 경우에는 자기보고식 검사의 실시만으로도 신뢰 높은 검사결과를 얻을 수 있다. 하지만 자신의 문제를 정확히 인식하지 못하는 학생을 진단할 때는 학생 관찰 및 면담, 또는 기존 학습수행내용을 함께 검토하거나 수행과제를 제시하여 실제 능력을 확인하는 방법을 병행해야 할 것이다. 진단 후 결과를 분석하여 학습전략에 있어 최우선적인 문제를 정의내린다.

[진단 예시] **개별 학생 사례**

- 대 상: 중2 학습부진 학생
- 검사지: 학습전략사용능력 진단검사

## ① 수검된 문항 내용

### 방과 후 비계획적인 시간 사용 (시간관리)

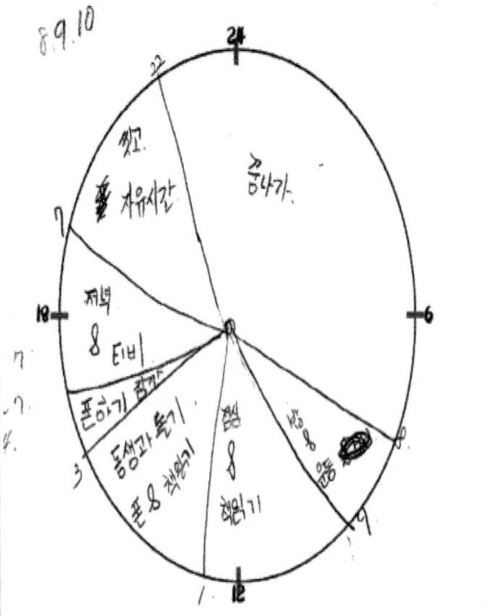

### 글의 문단 구분 안 됨 (읽기)

**2. 글을 3문단으로 나누어 보세요.**

태양계 초기에 지구와 같은 행성의 일부가 되지 못한 소행성의 파편들이 떠돌아다니게 되는데 이를 유성체라고 한다. 지구가 태양 주위를 공전하고 있을 때 지구로 끌려 들어온 유성체는 지구대기와의 마찰로 가열되어 빛나는 유성이 된다. 대부분의 유성체는 상공에서 모두 타서 사라지나 큰 유성체는 그 잔해가 지표면까지 도달하는데, 이것이 운석이다. 운석은 구성 성분에 따라 석질운석, 철질운석, 석철질운석으로 나눌 수 있다. 석질운석은 주로 규산염 광물로 이루어진 운석이고, 철질운석은 철과 니켈의 합금으로 이루어진 운석이며, 석철질운석은 규산염 성분과 철질 성분이 섞여있는 운석이다. 운석은 대기권을 진입하면서 고온에 노출되어 검은 빛의 외관을 가지며, 종류에 따라 독특한 내부구조가 나타나기도 한다. 운석 중에서 가장 많은 부분을 차지하고 있는 석질운석은 콘드라이트와 어콘드라이트의 종류로 구분되는데 이 중 콘드라이트에서는 우주공간에서 녹았던 암석이 둥근 구슬 모양으로 식은 콘드률 구조가 나타난다. 철질운석에서는 빗살모양의 비드만스태튼 무늬 구조가 나타나며, 석철질 운석에서는 석질과 철질이 섞여 아름다운 팔라사이트 구조가 나타난다.

### 청킹 전혀 안됨 (기억력)

**2. 다음의 내용을 외우기 쉽게 끊어 보세요.**

예) 0518651225 → 051/865/1225

| | |
|---|---|
| ① | 303/0030/0030/0003/0003/0030 |
| ② | 850/00100/000 |
| ③ | 학교/복사회장사랑니 |
| ④ | 소나기차/비석굴암호랑이무기 |

### 주말에 학습활동이 이루어지지 않고 있음 (시간관리)

**3. 지난 주말동안 나는 무엇을 했는지 써보세요.**

| 공부 | 시간 | Want | 공부 외 활동 | 시간 | Want |
|---|---|---|---|---|---|
| ~~책읽기~~ | ~~3~~ | ~~X~~ | 운동 | 1 | O |
| | | | 편하고 티비보기 | 4 | O |
| | | | 책읽기 | 3 | O |
| | | | | | |
| | | | | | |

※ Want: 스스로 원해서 한 일이면 O 표시 하기

### 시각 집중력 수준 낮음 (주의집중력)

● 주어진 시간에 각 그림의 개수를 세어서 써보세요.

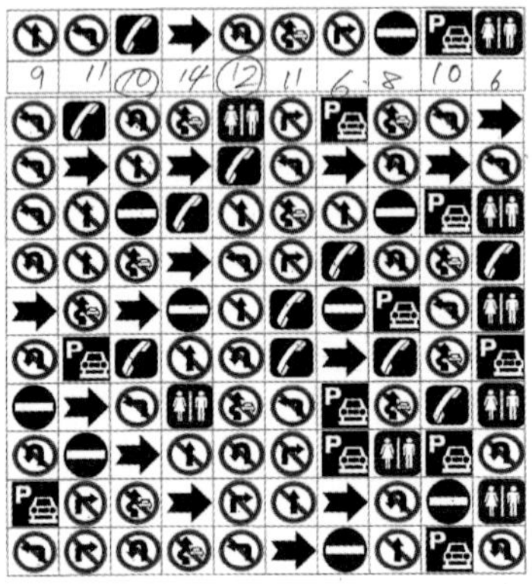

### 글의 문단 구분 안 됨 (읽기)

글의 내용을 아래의 구조에 맞게 넣어 보세요.

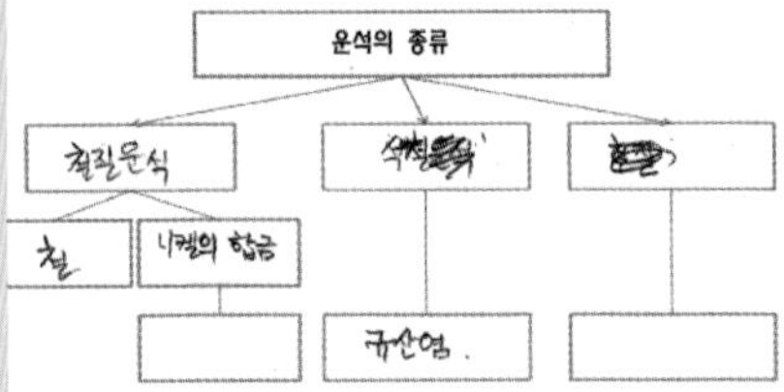

### 단기 기억은 좋으나 분류 안 함 (기억력)

**1-2. 앞 페이지에서 외운 단어를 생각나는 대로 써보세요.**

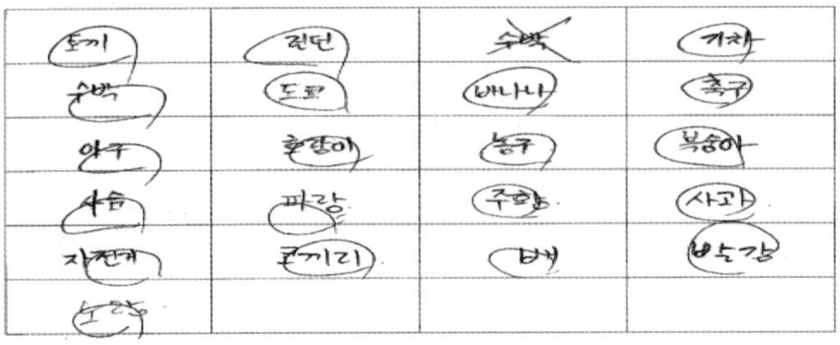

### ② 진단결과

| | | | | | | | | |
|---|---|---|---|---|---|---|---|---|
| 목표 및 시간관리 (하) | 목표유무 | 개념인식 | 구체성 | 효과성 | | | | |
| | 있음 | 있음 | 있음 | 없음 | | | | |
| 주의집중력 (하) | 시각집중력 | | 청각집중력 | | | | 듣고 핵심 이해 | |
| | 하 | | 하 | | | | 하 | |
| 기억력 (중) | 기억 용량 | 분류 | 유추 표상 | 상징표상 | 청킹 | 장기기억 전략사용 | 작업 기억 | 처리속도 |
| | 상 | 사용 안함 | 사용수준 비슷 | | 하 | 사용하지 않음 | 상 | 상 |
| 읽기능력 (하) | 읽기 장애 | | 전체 내용 이해와 정리 | | 문맥 이해력 | | | |
| | 없음 | | 주제파악 안됨 | | 하 | | | |

### ③ 문제정의

진단결과에 따르면, 전반적인 학습전략 사용수준이 낮은 편이다. 처치전략 투입 기간이 2개월인 점을 고려하여 가장 시급한 전략부터 개입하는 것으로 학교 측과 논의하였다. 가장 먼저 처치할 000학생의 학습전략 주제는 집중력과 기억력이었다. 구체적인 문제는 다음과 같다.

첫째, 청각적 집중력이 낮은 수준이다. 공부를 시작할 때, 주의를 기울여 정보를 파악하고 머리에 그 내용을 입력하는데 시간이 걸리는 편이다. 이야기를 한번 들은 후, 한 번 더 이야기를 들려줄 때 선택적 주의를 기울여 필요한 정보를 습득하는 전략이 부족하다. 수업시간에 집중해서 듣는 편이라고 스스로 생각하고 있지만, 정보파악과 저장은 많이 하지 못하고 있다. 따라서 정보파악 수준을 높이려면 집중이 필요하다는 것을 인식시켜 줄 필요가 있다. 또한, 처음에 정보가 들어올 때 전체적인 맥락을 파악하고 요구되는 정보에 주의를 기울이는 전략을 가르칠 필요가 있다고 판단된다.

둘째, 시각적 집중력이 전반적으로 낮은 수준이고 읽기능력이 부족하다. 읽은 것을 정확히 파악하고 분류하여 조직화하는 능력 수준을 높일 필요가 있다.

셋째, 단기기억력은 좋은 편이나 효율적인 기억전략을 사용하지 못하고 있어 장기기억으로 저장이 잘 되지 않고 있다.

[진단 예시] **집단 사례**

◦ 대 상: 초등 6학년 학생 18명
◦ 검사지: 주의집중능력 검사

### ① 진단결과

| 영역<br>대상 | 전체 | 시각주의력 | 청각주의력 | 학습집중력 | 지속적집중력 | 정보처리속도 |
|---|---|---|---|---|---|---|
| 김00 | 16(매우부족) | 2(다소부족) | 3(다소부족) | 5(다소부족) | 6(다소부족) | 78(또래평균) |
| 김00 | 21(다소부족) | 10(매우우수) | 5(또래평균) | 5(다소부족) | 1(매우부족) | 50(매우느림) |
| 이00 | 22(다소부족) | 7(다소우수) | 6(또래평균) | 5(다소부족) | 4(매우부족) | 62(다소느림) |
| 진00 | 23(다소부족) | 5(또래평균) | 4(다소부족) | 8(또래평균) | 6(다소부족) | 77(또래평균) |
| 김00 | 26(또래평균) | 8(다소우수) | 4(다소부족) | 5(다소부족) | 9(또래평균) | |
| 박00 | 20(다소부족) | 2(다소부족) | 4(다소부족) | 6(다소부족) | 8(또래평균) | 51(매우느림) |
| 이00 | 28(또래평균) | 8(다소우수) | 9(매우우수) | 4(다소부족) | 7(다소부족) | 45(매우느림) |
| 김00 | 19(다소부족) | 6(또래평균) | 8(다소우수) | 1(매우부족) | 4(매우부족) | 64(다소느림) |
| 서00 | 20(다소부족) | 6(또래평균) | 4(다소부족) | 4(다소부족) | 6(다소부족) | 50(매우느림) |
| 최00 | 24(다소부족) | 9(매우우수) | 5(또래평균) | 4(다소부족) | 6(다소부족) | 61(다소느림) |
| 김00 | 16(매우부족) | 1(매우부족) | 6(또래평균) | 6(다소부족) | 3(매우부족) | 45(매우느림) |
| 천00 | 16(매우부족) | 4(다소부족) | 3(다소부족) | 2(매우부족) | 7(다소부족) | 69(다소느림) |
| 임00 | 16(매우부족) | 5(또래평균) | 3(다소부족) | 3(매우부족) | 5(다소부족) | 56(다소느림) |
| 황00 | 20(다소부족) | 6(또래평균) | 2(매우부족) | 1(매우부족) | 11(다소우수) | 96(다소우수) |
| 박00 | 20(다소부족) | 4(다소부족) | 1(매우부족) | 7(또래평균) | 8(또래평균) | 78(또래평균) |
| 이00 | 22(다소부족) | 3(다소부족) | 3(다소부족) | 5(다소부족) | 11(다소우수) | 61(다소느림) |
| 허00 | 18(다소부족) | 5(또래평균) | 4(다소부족) | 3(매우부족) | 6(다소부족) | 49(매우느림) |
| 전00 | 19(다소부족) | 4(다소부족) | 5(또래평균) | 2(매우부족) | 8(또래평균) | 65(다소느림) |

### ② 문제정의

진단결과, 집중력 수준이 다소 낮은 편이다. 특히 청각적 주의력과 학습 집중력이 낮으며, 정보처리속도가 느린 편이라 정보양이 많을 때 학습 집중력과 집중력 유형이 함께 떨어지는 편이다. 따라서 이 학생들의 경우, 기초수준의 집중력이 요구되며, 정보처리속도가 느린 것을 보완하기 위해 작업기억전략 훈련이 함께 처치될 필요가 있다.

## 2) 프로그램 설계

문제를 해결하기 위한 방향과 목표를 정하고, 문제해결을 위한 효과적인 학습전략 주제를 정해 대상의 수준에 맞는 학습모듈을 선정하여 처치프로그램을 설계한다.

프로그램 설계를 위해서는 주어진 상황과 학생의 해결문제를 알아야 한다. 다음 질문에 답을 해보면서 상황과 문제를 파악할 수 있다.

□ 문제를 해결하기 위해 처치해야 할 주요 주제영역은 무엇인가?

□ 문제해결 방향은 무엇인가?

□ 의뢰대상의 규모(개별, 집단)는 어떠한가?

□ 얼마동안 프로그램을 운영할 수 있는가?

□ 어떤 시간에 프로그램을 운영하는가?

□ 어느 장소에서 프로그램을 운영하는가?

[프로그램 설계 예시]

◦ 문제영역: 기초수준의 집중력 훈련과 시험관리 중 시험준비과정 연습

◦ 문제해결방향: 기초수준의 청각과 시각적 주의력 훈련으로 시작하여, 작업기억 향상을 위한 시연, 청킹전략을 배우고 충분히 연습하도록 한다(진단결과를 통한 방향도출). 초등학교 6학년이지만 시험준비를 체계적으로 해본 경험이 없으므로 중학교 진학을 앞두고 시험관리방법을 배워 학업성취가 향상되는 경험을 해 볼 수 있도록 한다(담당교사의 요구).

◦ 의뢰대상: 초등학교 6학년 학습부진 18명 학생

◦ 프로그램 운영기간: 8주간 16차시

◦ 운영시간: 수요일 방과후 수업

◦ 장소: 과학실

◦ 처치프로그램 설계 내용

| 회기 | 차시 | 학습전략 영역 | 주제 | 학습모듈 | | |
|---|---|---|---|---|---|---|
| 1 | 1 (40분) | 집중력 | 청각적 주의집중력 | 모듈 2.1 [기초수준] 청각적 주의집중력 이해 (20분) | ⇨ | 모듈 2.2 [기초수준] 동요 듣고 가사 따라 그리기 (20분) |
| | 2 (40분) | 기억력 | 기억의 과정과 작업기억전략 | 모듈 1.2 [기초수준] 작업기억력 높이기 (20분) | ⇨ | 모듈 1.3 [기초수준] 보고보고 또 보면서 외우기 (20분) |
| 2 | 3 (40분) | 복습 | 기초 집중력과 기억력 복습 | 청각주의력 모듈 2.1 & 2.2 복습 유사한 학습활동 연습 (20분) | ⇨ | 기억력 모듈 1.2 & 1.3 복습 유사한 학습활동 연습 (20분) |
| | 4 (40분) | 집중력 | 청각적 주의집중력 | 모듈 2.4 [기초수준] 듣고 기억하기 (20분) | ⇨ | 모듈 2.5 [기초수준] 모눈종이 그리기 (20분) |
| 3 | 1 (40분) | 기억력 | 기초 장기기억전략 | 모듈 2.1 [기초수준] 끼리끼리 모아서 외우기 (20분) | ⇨ | 모듈 2.3[기초수준] 머릿속에 그려서 외우기 (20분) |
| | 1 (40분) | 집중력 | 시각적 주의집중력 | 모듈 3.3 & 3.4 [기초수준] 숨은 글자와 그림 찾기 (내용 추려 20분간) | ⇨ | 모듈 3.6 & 3.7 [기초수준] 패턴인식하기, 이야기보고 답하기 (내용 추려 20분간) |
| 4 | 1 (40분) | 기억력 | 기초 → 심화 장기기억전략 | 모듈 2.2 [기초수준] 첫 글자만 모아서 외우기 (20분) | ⇨ | 모듈 3.1 [심화수준] 이야기 만들어서 외우기 (20분) |
| | 1 (40분) | | 심화 장기기억전략 | 모듈 3.2 [심화수준] 표 들어서 외우기 (20분) | ⇨ | 모듈 3.3 [심화수준] 서로서로 연결해서 외우기 (20분) |
| 5 | 1 (40분) | 기억력 | 수업장면에서 기억력 관리(수업관리) | 모듈 3.2 [심화수준] 수업장면에서 기억력 관리(20분) | ⇨ | 유사한 학습활동 연습 (20분) |
| | 1 (40분) | 집중력 | 수업장면에서 집중력 관리(수업관리) | 모듈 4.1 [심화수준] 집중해서 읽은 내용 정리하기 (20분) | ⇨ | 모듈 4.2[심화수준] 집중해서 보고 들은 내용 정리하기 (20분) |
| 6 | 1 (40분) | 시험관리 | 시험준비방법 알기 | 모듈 1.1 시험관리란 무엇일까? (20분) | ⇨ | 모듈 1.3 시험준비방법 알아보기 (20분) - 과제제시 모듈 1.2 공부습관 알아보기 |
| | 1 (40분) | 시험관리 | 시험준비 시작하기 | 모듈 2.1 & 2.2 목표점수는 어떻게 정할까? 시험범위와 학습자료 | ⇨ | 모듈 2.3-5 공부시간 계산하기 시험계획세우는 방법 이해 |

| 회기 | 차시 | 학습전략 영역 | 주제 | 학습모듈 | | |
|---|---|---|---|---|---|---|
| | | | | 확인하기 (내용 추려 20분간) | | - 과제제시 시험계획 세우기 |
| 7 | 1 (40분) | 시험관리 | 시험불안 극복하기 | 모듈 3.2 시험불안 수준 알아보기 (20분) | ⇨ | 모듈 3.3 시험불안 극복방법 1 (20분) |
| | 1 (40분) | | 시험치기 전략 알기 | 모듈 4.2 시험치기 전략 활용하기 (20분) | ⇨ | 시험치기 전략 연습(모의시험) (20분) |
| 8 | 1 (40분) | 시험관리 | 시험치기 전략 알기 | 모듈 4.3 시험결과 분석하기 (20분) | ⇨ | 모듈 4.5 시험 후 다짐하기 (20분) |
| | 1 (40분) | 마무리 | 점검 | 점검표 작성 | ⇨ | 그동안 프로그램 참여 소감 나누기 |

### 3) 프로그램 운영

학생에게 프로그램 진행 취지를 설명하고 프로그램의 운영목적을 이해시킨다. 프로그램을 운영하면서 학생들의 반응을 파악한다. 지속적으로 학생들의 반응과 변화를 관찰하고 면담을 나눈다. 프로그램을 운영하면서 학생에게 목표하는 긍정적 변화가 보이지 않을 때는 설계된 프로그램이 적절한지 검토하고 프로그램 내용이나 수업전략 등을 수정하면서 운영해 나간다.

### 4) 종결

프로그램이 얼마나 효과적이었는지 검사도구나 만족도 체크리스트, 면담 등의 방법으로 조사하고 분석한다. 문제가 해결되었는지, 프로그램이 목표에 부합했는지 검토한다. 이후 프로그램 효과 평가 결과를 목적과 상황에 맞게 작성하여 학교관계자에게 보고하고 그 내용을 논의한 후 종결한다.

chapter 01

# 꿈 찾기

# CHAPTER 01 꿈 찾기

◉ 시간관리를 잘하기 위해 가장 먼저 해야 할 일은 내가 이루고 싶은 꿈이 무엇인지 확인하는 것이다. 꿈은 인생의 목적지이자 나침반이다. 여행을 갈 때 목적지를 정한 다음 목적지의 환경을 고려해서 준비해야 충분히 즐길 수 있는 것처럼, 우리 인생도 꿈을 정하고 계획을 세워 노력해야 충분히 즐길 수 있다. 한번 정해진 꿈도 주변 상황이 변하거나, 더 좋은 꿈이 생기면 바뀌기도 한다. 먼저 자신이 원하고 자신에게 잘 맞는 꿈을 찾은 뒤 그 꿈을 향해 꾸준히 나아간다면, 인생의 귀중한 시기에 시간과 노력의 낭비를 최소화할 수 있다.

◉ 제1장은 자신과 직업세계의 이해를 통해 꿈을 찾는 활동, 꿈을 향한 장·단기목표를 설정하는 활동, 꿈 지도를 그려보는 활동으로 구성되어 있다.

◉ 꿈 찾기 단계는 꿈을 이루기 위한 장 · 단기목표를 설정해 동기를 부여하는 시간관리의 첫 단계이므로 학습수준에 관계없이 모든 대상에게 적용할 수 있다.

## 목표

◉ 꿈의 의미와 필요성을 말할 수 있다.

◉ 자신을 이해하고 다양한 직업에 대해 알아본 후 자신의 꿈을 찾을 수 있다.

◉ 꿈을 이루어가는 과정을 시기별로 나누어 꿈 지도를 완성할 수 있다.

## 준비물

◉ 교사용 지도안 및 활동지, 학생용 활동지, 수업용 PPT

◉ 포스트잇, 모둠활동판

◉ 8절 색지, 주령구 도면, 가위, 투명테이프, 전지, 싸인펜(필기구), 풀,
폴라로이드 사진기 및 필름, 네임펜

## 모듈 1.1

# 나는 미래에 어떤 모습일까?

| 준비물 | 주의점 | 소요시간 |
|---|---|---|
| 수업용 PPT, 학생용 활동지, 포스트잇, 모둠활동판(큰 종이도 가능), 싸인펜(필기구) | 학생들이 미래를 막연하게 생각해 활동을 힘들어한다면, '10년 후'로 제한하여 생각해 보게 할 수 있다. | 20분 |

## 활동내용

### ■ 미래와 현재의 관계 설명하기

① 미래의 의미가 무엇인지 물어본다.

② 미래와 현재는 어떤 관계가 있는지 물어본다.

③ 미래와 현재는 연결되어 있으며, 현재 나의 모습과 행동이 미래에 영향을 미칠 수 있다고 설명한다.

**사전**

* 미래 : 앞으로 올 때, 앞날
* 현재 : 지금의 시간

### ■ '내가 바라는 미래의 내 모습' 과 '현재의 내 모습' 그려보기

① [학생용 활동지 1, 2]를 나누어 준다.

② 내가 바라는 '미래의 내 모습'을 그려보도록 한다.

③ 현재 학교에서의 내 모습과 방과 후 집에서의 내 모습을 그려보도록 한다.

④ 포스트잇을 개별로 1장씩 나누어 준 뒤, 나의 미래 모습과 현재 모습을 비교해 보고 느낀 점을 포스트잇에 적어서 모둠활동판에 붙여보도록 한다.

⑤ 모둠별로 자신이 적은 내용을 발표하도록 한다.

⑥ 자신이 바라는 미래의 모습이 되기 위해서 현재 내가 노력해야 할 점이 무엇인지 포스트잇에 적고 모둠활동판에 붙여보도록 한다.

## 활동내용

⑦ 모둠별로 자신이 적은 내용을 발표하도록 한다.

### ■ 서로의 미래를 격려해주기

① 모둠활동 후 포스트잇을 개별로 모둠원 수만큼 다시 나누어 주고, 각 모둠원에게 서로의 미래를 격려해주는 말을 써서 붙여주도록 한다.

② 미래를 격려해주는 말 중에 가장 마음에 드는 말을 전체 학생들에게 발표해보도록 한다.

모듈 1.1

# 나는 미래에 어떤 모습일까?

**활동 1** 내가 바라는 미래의 내 모습을 그려보세요.

**내가 바라는 미래의 내 모습 그리기**

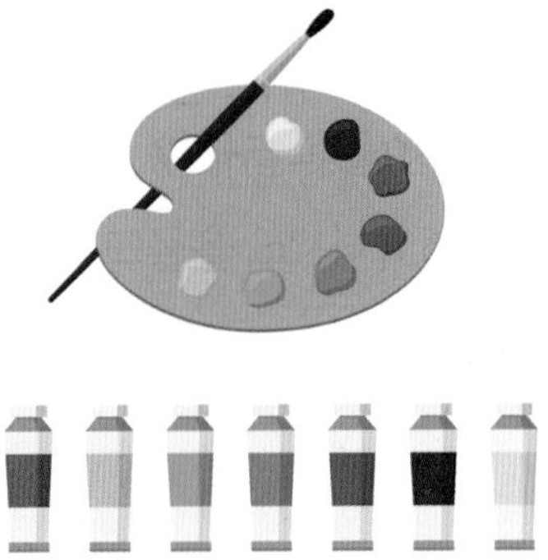

**활동 2** 현재의 내 모습을 그려보세요.

| 현재의 내 모습 | |
|---|---|
| 학교에서 | 집에서 |
| | |

모듈 1.2

# 꿈 주령구 만들기

| 준비물 | 주의점 | 소요시간 |
| --- | --- | --- |
| 수업용 PPT, 학생용 활동지, 8절 색지, 주령구 도면, 가위, 투명테이프, 싸인펜(필기구) | 시간절약을 위해서 미리 잘라놓은 꿈 주령구 도면을 나눠줄 수 있다. | 40분 |

## 활동내용

### ■ 주령구의 기원과 꿈 주령구 활동 설명하기

① 주령구의 기원과 의미를 설명한다.

"주령구는 통일신라시대에 귀족들이 가지고 놀던 14면체 주사위입니다. 귀족들은 주령구를 던져 각 면에 새겨진 미션을 수행하면서 풍류를 즐겼습니다."

② 꿈 주령구 활동을 설명한다.

"주령구의 각 면에 미션의 답을 적고, 게임을 하면서 자신에게 맞는 꿈이 무엇인지 알아보는 활동입니다."

### ■ 꿈 주령구 만들기

① 학생들에게 주령구 도면과 [학생용 활동지 1]을 나누어 준다. 8절 색지에 도면을 붙이고, 도면의 모양에 따라 색지를 자르게 한다. (혹은 8절 색지에 도면을 바로 인쇄하여 색지를 자르게 한다.)

② 주령구의 각 면에 1-14번까지 번호를 적게 한다.

③ [활동 1]에 있는 미션의 답을 주령구의 각 면에 직접 적게 한다. 개인 미션(2, 5, 7, 9번)은 지시사항을 그대로 적게 한다.

④ 주령구의 모든 면이 다 완성되면 주령구 각 면을 붙여서 14면체 모양을 만들게 한다.

## 활동내용

Tip

주령구를 붙일 때 풀보다 투명테이프를 사용하는 것이 좋다. 투명테이프를 여러 명이 함께 사용해야 할 경우 미리 여러 개를 잘라서 붙여놓고 사용하도록 한다.

⑤ 미션 1번과 3번은 보조자료를 활용하여 답을 적게 한다.
- [미션 1]의 경우 나의 성격을 설명하는 단어 3개를 쓰도록 한다.
- 모둠에서 돌아가며 자신의 강점 성격을 발표하도록 한다. 단어만 발표하거나 "나는 솔직하고 친절하며 계획적인 ○○○입니다."라고 문장으로 발표하도록 한다.
- [미션 3]에 인생 가치관을 완성하도록 한다. 가치관에 따른 실천 방법을 읽어보고 가장 필요하다고 생각하는 것 3개를 골라 선택 칸에 ○표한다.
- 선택한 가치관 3개의 우선순위를 써보도록 한다.

Tip

가치관을 3개 이상을 선택하고자 하면 학생들이 원하는 만큼 선택하도록 한다.

- 자신이 소중하다고 생각하는 가치를 서로 발표할 기회를 가질 수 있게 한다. 상황에 따라 짝끼리, 모둠끼리, 혹은 전체에게 발표할 수 있다.

### ■ 꿈 주령구 게임하기

① 주령구를 완성한 후 모둠별로 모이게 한다.
② 모둠 내에서 순서를 정해 한 명씩 주령구를 던지게 한다.
③ 주령구의 윗면에 나온 미션을 모둠원들이 모두 말하게 한다.

Tip

시간이 부족한 경우, 주령구를 던진 학생만 발표하도록 한다.

④ 개인미션(2, 5, 7, 9번)은 그 미션이 걸린 학생만 수행하도록 한다.
⑤ 꿈 주령구 활동을 통해 자신을 이해하고 표현함으로써 자신의 꿈을 확인하고 다른 사람들에게 발표하는 기회를 가질 수 있게 한다.

## 주령구 도면

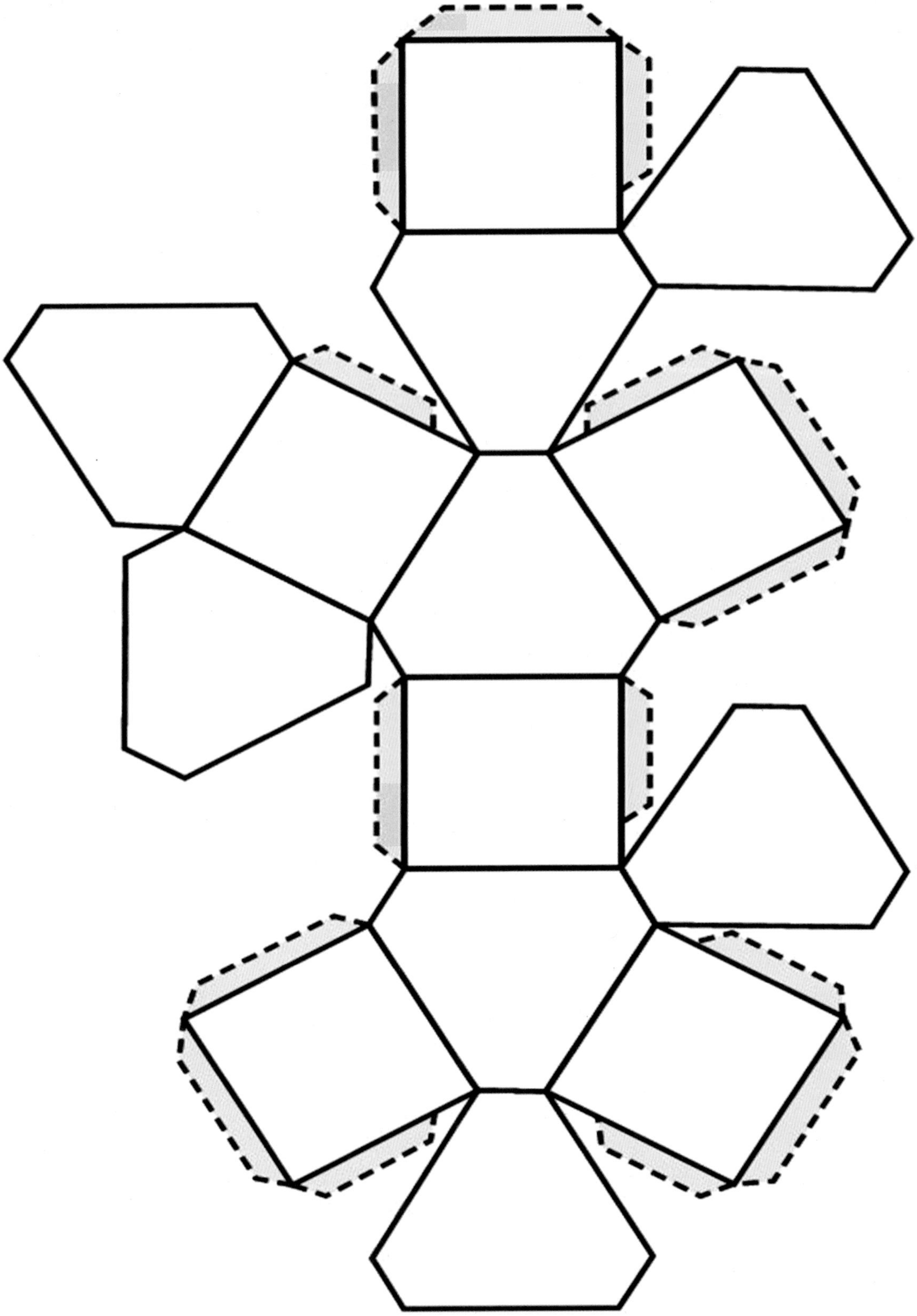

모듈 1.2

# 꿈 주령구 만들기

## 활동 1 꿈 주령구를 만들어 나를 표현해 보세요.

### 미션 내용

① 나의 성격 강점 쓰기
② 어깨로 이름 쓰기(개인)
③ 나의 인생가치관 3순위까지 쓰기
④ 나의 보물 1호 쓰기
⑤ 모둠원 2명에게 10초간 안아주기(개인)
⑥ 내가 가고 싶은 대학교 이름 쓰기
⑦ 모둠원 전체에게 칭찬 하나씩 하기(개인)
⑧ 좋아하는 과목과 싫어하는 과목을 적고 이유 쓰기
⑨ 모둠원 전체에게 칭찬 하나씩 받기(개인)
⑩ 나의 희망 직업 쓰기(여러 개 작성 가능)
⑪ 가장 기분 좋았던 순간 쓰기
⑫ 이번 학기 나의 목표 쓰기
⑬ 나의 이상형 쓰기
⑭ 공부하는 이유 쓰기

**보조자료** 미션 1과 미션 3의 경우 보조자료를 활용하여 답을 찾아보세요.

### 미션 1: 나의 성격 강점 찾기

아래에서 나의 성격을 잘 설명하는 단어 3개를 골라서 적어보세요.

자신이 생각하는 다른 형용사를 적어도 괜찮아요.

솔직한, 대범한, 자신감이 넘치는, 용감한, 도전적인, 차분한, 상냥한, 명랑한, 영리한, 논리적인, 믿음직한, 열정적인, 적극적인, 친절한, 잘 베푸는, 긍정적인, 독립적인, 창의적인, 개방적인, 융통성 있는, 성실한, 책임감 있는, 정의로운, 신중한, 참을성 있는, 계획적인, 철저한, 꼼꼼한, 겸손한, 배려하는, 신앙심이 깊은, 의지가 강한, 따뜻한, 관대한, 재치 있는, 유머가 있는 등

### 미션 3: 나의 인생가치관 쓰기 (예시)

아래에서 내가 중요하다고 생각하는 가치를 3개 골라 O표하고 우선순위를 정해 보세요.

| 가치관 | 내용 | 선택 | 우선순위 |
|---|---|---|---|
| 능력발휘 | 능력을 발휘하고 성취감을 느끼는 것 | | |
| 돈 | 돈을 많이 버는 것 | | |
| 안정 | 오랫동안 그 직업을 가지고 안정적인 수입을 받으며 일할 수 있는 것 | | |
| 명예 | 다른 사람들로부터 인정받고 존중받는 것 | | |
| 봉사 | 다른 사람들에게 도움이 되는 일을 하는 것 | | |
| 창의성 | 자신의 아이디어로 새로운 시도를 할 수 있는 기회가 많은 것 | | |
| 발전성 | 발전하고 배울 수 있는 기회가 많은 것 | | |
| 자율성 | 소속된 조직의 명령이나 통제 없이 주도적으로 일하고 책임지는 것 | | |
| 여가 | 취미나 여가를 즐길 수 있는 시간이 많은 것 | | |

모듈 1.3

# 다양한 직업 알기

| 준비물 | 소요시간 |
| --- | --- |
| 수업용 PPT, 학생용 활동지, 싸인펜(필기구) | 20분<br>(40분) |

## 활동내용

### ■ 직업의 의미 알아보기

'직업'이 무엇인지 물어본다. 그리고 직업하면 생각나는 단어가 무엇인지 이야기하도록 한다.

**사전**

직업: 생계를 유지하기 위하여 자신의 적성(어떤 일을 잘 할 수 있는 소질이나 성격)과 능력에 따라 일정한 기간 동안 계속하여 종사하는 일

### ■ 숨은 직업 찾기

① [학생용 활동지 1, 2]를 나누어 준다.

② 세상에는 다양한 직업이 존재한다는 것을 설명하고, 〈활동 1〉에서 숨은 직업을 찾아 표시하도록 한다.

③ 〈활동 2〉에서는 〈활동 1〉에서 찾은 직업을 적은 후, 어떤 일을 하는지 알고 있는 직업에 동그라미 표시하도록 한다.

④ 동그라미 표시한 직업에 내해 발하고, 그 직업을 가지면 어떤 일을 하는지 발표하도록 한다.

## 활동내용

### ■ 직업 빙고게임 하기 (20분)

**Tip**

시간 여유가 있으면, 빙고게임은 추가로 한두 차례 더 실시할 수 있다. 이때는 20분이 추가된다.

① [학생용 활동지 3]을 나누어 준다.

② 〈활동 2〉에서 동그라미 친 직업(어떤 일을 하는지 정확히 알고 있는 직업)을 〈활동 3〉 빙고판에 적도록 한다.

③ 빙고판을 완성한 후, 가위바위보로 순서를 정하고 빙고게임을 시작한다.

④ 차례가 된 학생이 직업 이름과 하는 일을 설명한다.

⑤ 직업 빙고게임을 통해 알게 된 점을 말한다.

모듈 1.3

# 다양한 직업 알기

**활동 1** 다음 표에 숨어있는 직업 이름을 찾아보세요.

| | | | | | | | | | | | | |
|---|---|---|---|---|---|---|---|---|---|---|---|---|
| 바 | 리 | 스 | 타 | 디 | 자 | 이 | 너 | 리 | 포 | 터 | 큐 | 모 |
| 힘 | 도 | 항 | 내 | 간 | 두 | 승 | 촬 | 영 | 기 | 사 | 레 | 델 |
| 자 | 선 | 경 | 해 | 호 | 병 | 무 | 아 | 관 | 광 | 가 | 이 | 드 |
| 산 | 사 | 변 | 리 | 사 | 정 | 원 | 약 | 판 | 아 | 신 | 터 | 차 |
| 운 | 프 | 로 | 그 | 래 | 머 | 한 | 의 | 사 | 나 | 안 | 경 | 사 |
| 용 | 경 | 리 | 외 | 연 | 고 | 교 | 수 | 사 | 운 | 기 | 건 | 미 |
| 가 | 호 | 찰 | 교 | 출 | 직 | 웃 | 사 | 회 | 서 | 자 | 축 | 용 |
| 고 | 원 | 살 | 관 | 가 | 업 | 정 | 서 | 복 | 만 | 화 | 가 | 사 |
| 쇼 | 핑 | 호 | 스 | 트 | 군 | 사 | 비 | 지 | 이 | 통 | 제 | 요 |
| 세 | 작 | 검 | 판 | 공 | 인 | 회 | 계 | 사 | 육 | 사 | 역 | 리 |
| 무 | 곡 | 가 | 사 | 무 | 변 | 호 | 사 | 임 | 상 | 병 | 리 | 사 |
| 사 | 가 | 은 | 행 | 원 | 가 | 수 | 전 | 문 | 비 | 서 | 농 | 부 |
| 제 | 과 | 제 | 빵 | 사 | 환 | 경 | 미 | 화 | 원 | 소 | 방 | 관 |

**활동 2** <활동 1>에서 찾은 직업 이름 적은 후, 어떤 일을 하는지 알고 있는 직업에 동그라미 쳐보세요.

| | | |
|---|---|---|
| 아나운서 | 외교관 | 사서 |
| 리포터 | 통역사 | 미용사 |
| 큐레이터 | 변리사 | 디자이너 |
| 쇼핑호스트 | 변호사 | 요리사 |
| 기자 | 판사 | 바리스타 |
| 촬영기사 | 검사 | 제과제빵사 |
| 연출가 | 한의사 | 만화가 |
| 모델 | 의사 | 건축가 |
| 가수 | 약사 | 정비사 |
| 작곡가 | 간호사 | 도선사 |
| 직업군인 | 임상심리사 | 안경사 |
| 경호원 | 사회복지사 | 사육사 |
| 승무원 | 공인회계사 | 프로그래머 |
| 공무원 | 세무사 | 전문비서 |
| 환경미화원 | 은행원 | 관광가이드 |
| 소방관 | 자산운용가 | 농부 |
| 경찰관 | 교수 | |

**활동 3** 알고 있는 직업을 빙고판에 적고 빙고게임을 하세요.

| | | | | |
|---|---|---|---|---|
| | | | | |
| | | | | |
| | | | | |
| | | | | |

모듈 1.4

# '꿈 나무' 만들기

| 준비물 | 주의점 | 소요시간 |
|---|---|---|
| 수업용 PPT, 학생용 활동지, 전지, 싸인펜, 색연필, 가위, 풀, 포스트잇, 폴라로이드 사진기, 폴라로이드 필름, 네임펜 | 완성된 꿈나무를 스마트폰으로 사진촬영해서 출력하여 게시할 수 있다. | 20분<br>(40분) |

## 활동내용

### ■ '꿈 나무' 활동에 대해 설명하기

꿈 나무 만들기 활동은 평소 자신이 하고 싶었던 것, 되고 싶었던 것, 갖고 싶었던 것, 돕고 싶었던 것들에 대해 브레인스토밍을 하고, 나의 꿈을 이루기 위해 해야 할 일을 탐색하는데 도움을 주는 활동이다.

Tip

유사한 활동으로 버킷리스트 작성이 있으나, 꿈 나무는 꿈을 관련 영역으로 나누어준다는 점에서 차이가 있다.

### ■ '꿈 나무' 만들기

① 큰 전지에 나무기둥을 크게 그리고, 꿈 나무라고 적은 전지를 미리 준비한다.

② [학생용 활동지 1]을 나누어 준다.

③ [활동 1]의 꽃 중심에 대상 학생의 이름과 꿈을 쓰게 한 후, 각각의 꽃잎 부분에 '하기, 되기, 갖기, 돕기'의 내용을 채워 넣는다.

- 되기: 되고 싶은 직업
- 하기: 하고 싶은 것

## 활동내용

- 갖기: 갖고 싶은 것
- 돕기: 타인을 위해 할 수 있는 것

Tip

'되기'는 내가 미래에 이루고 싶은 모습이 되기 위해 이루어야할 단계 및 역할과 관련 일을 적는 것이다. 미래에 원하는 직업이 2가지 이상이라면 일단 1가지만 선택하여 적는다. '하기'는 꿈을 이루기 위해 해야 할 일뿐만 아니라 살아가면서 하고 싶은 일을 포함하여 포괄적으로 적도록 지도한다.

④ 꽃잎 활동지를 색칠해 꾸미고, 가위로 오린 후 전지에 붙인다. 꿈나무를 자유롭게 꾸미고 잘 보일 수 있는 벽면에 붙여서 자주 볼 수 있도록 한다.

Tip

[활동 1]의 내용을 스마트폰으로 찍어 출력하여 게시할 수도 있다.

### ■ 꿈 나무 앞에서 사진 찍기 (선택활동)

Tip

이 활동은 추가 시간이 소요되므로 시간 여유가 있을 때 하는 것이 좋다.

① 학생들이 꿈 나무 앞에서 폴라로이드 사진을 찍게 한다. 폴라로이드 사진기가 없는 경우 일반 카메라를 활용할 수 있다.

② 사진을 찍은 후 폴라로이드 사진에 선생님이나 친구들이 네임펜으로 응원 메시지를 적어주도록 한다. 폴라로이드 사진이 없으면 포스트잇을 활용할 수 있다.

모듈 1.4

# '꿈 나무' 만들기

**활동 1** 꽃의 중심에 내 이름과 꿈을 적고, 꿈과 관련된 '하기-되기-갖기-돕기' 활동을 적어보세요.

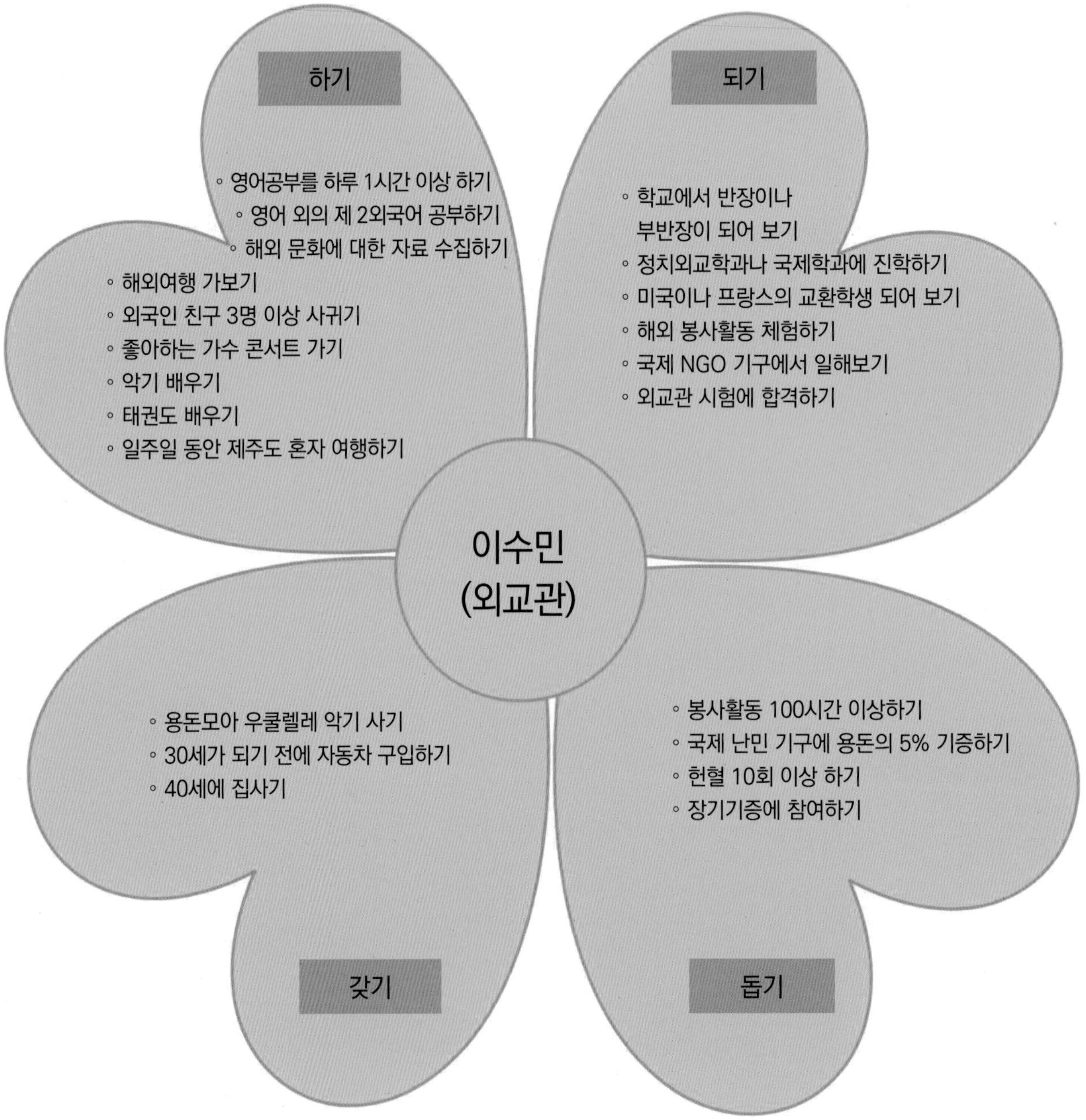

## 모듈 1.5

# '꿈 지도' 만들기

| 준비물 | 주의점 | 소요시간 |
|---|---|---|
| 수업용 PPT,<br>학생용 활동지, 색연필,<br>싸인펜(필기구) | 꿈 지도는 다양한 형태로 만들 수 있다. | 20분 |

## 활동내용

### ■ '꿈 지도' 설명하기

① 꿈은 한순간에 이루어지는 것이 아니라 여러 단계와 노력을 거치면서 하나로 완성되어 간다는 것을 설명한다.

② 꿈을 이루기 위해 자신이 나아가야 할 방향을 구체적으로 기록하면서 자신만의 꿈 지도를 완성하도록 한다.

③ 꿈 지도를 작성하면 좋은 점에 대해 설명한다.

- 꿈의 방향을 알 수 있고, 이에 맞춰 꿈을 실현시키기 위한 준비를 할 수 있다.
- 꿈이 잘 실현되어 가는지 확인할 수 있다.
- 꿈 지도를 잘 보이는 곳에 두면 실천의지를 다져 꿈의 실현가능성을 높일 수 있다.

### ■ '꿈 지도' 그리기

① [학생용 활동지 1]을 나누어 준다.

② 꿈을 향해 달려가는 나의 모습이 어떻게 변해갈지 상상해 보고 꿈 지도에 적어보도록 한다.

③ 완성된 꿈 지도를 각자 발표해 보도록 한다.

④ 꿈 지도의 모습을 이루기 위해 지금부터 당장 해야 할 일이 무엇인지 생각해 보도록 하고, 꿈을 이루기 위한 각오를 적어보게 한다.

모듈 1.5

# '꿈 지도' 만들기

**활동 1** 미래의 내 모습을 생각하며 꿈 지도를 만들어 보세요.

중학교

고등학교

20대

30대

40대

나의 각오 적기

chapter 02

# 꿈을 위한 준비하기

**모듈 2.1** 꿈을 이루려면 무엇을 해야 할까?

**모듈 2.2** 꿈을 이루기 위한 일주일 계획 세우기

**모듈 2.3** 꿈을 이루기 위한 하루 3시간+ 계획표 세우기

# CHAPTER 02 꿈을 위한 준비하기

◉ 학생이 꿈을 찾은 다음 해야 할 일은 그 꿈과 관련된 정보를 수집하는 일이다. 꿈에 대한 정보는 인터넷이나 신문기사, 책 등에서 찾거나 관련분야 전문가, 선생님, 부모 등으로부터 얻을 수 있다. 학생은 수집된 정보를 활용하여 장단기 실천목표와 실천계획을 정하고, 그에 따른 구체적인 실천과제를 세워가면서 꿈을 체계적으로 준비할 수 있다.

◉ 제2장은 학생이 찾은 꿈의 의미가 무엇인지 알아보기 위해 실천목표를 세우는 활동부터 꿈을 이루어가는 과정에 필요한 실천계획, 실천과제를 세우는 활동을 거쳐 이를 달성하기 위한 하루 3시간 계획표 작성활동까지 순차적인 과정으로 구성되어 있다.

◉ 꿈을 위한 준비하기 단계는 학습수준과 관계없이 모든 대상에게 적용이 가능하다.

## 목표

◉ 찾은 꿈이 나에게 주는 의미를 이해한다.

◉ 꿈을 이루어 가는 과정에 필요한 실천목표, 실천계획, 실천과제를 세울 수 있다.

◉ 꿈을 이루는데 필요한 주요 활동(학교숙제, 개인공부, 꿈 활동)이 들어간 하루 3시간+ 계획표를 작성 할 수 있다.

## 준비물

◉ 교사용 지도안 및 활동지, 학생용 개별 활동지, 수업용 PPT

◉ 싸인펜

모듈 2.1

# 꿈을 이루려면 무엇을 해야 할까?

| 준비물 | 주의점 | 소요시간 |
|---|---|---|
| 수업용 PPT, 학생용 활동지, 싸인펜(필기구) | 모듈 2.1의 활동이 잘 되지 않는 경우, Chapter1을 다시 점검해보는 것을 권장한다. | 20분 |

## 활동내용

### ■ 꿈을 선택한 이유?

학생이 미래의 꿈을 하나 정하고 그 꿈을 정한 이유를 생각하여, 자신에게 맞는 꿈인지 확인하도록 도와주는 활동이다.

① [학생용 활동지 1]을 나누어 준다.

② 수업용 PPT에 제시된 예시를 보여주며 활동지에 자신의 꿈과 그 꿈을 가지게 된 이유를 쓰게 한다.

- 나는 ____이 될 것이다.
- 내가 ____이 되려는 이유는 __________________하기 때문이다.

③ 학생이 꿈을 선뜻 적지 못하는 경우, 교사는 다음과 같은 질문을 하여 흥미와 적성을 파악할 수 있도록 도와준다.

- 평소 좋아하는 것은 무엇이니? (흥미)
- 평소 잘한다고 칭찬들은 것은 무엇이니? (적성)
- 평소 성적이 잘 나오는 과목은 무엇이니? (적성)

④ 학생이 질문에 대한 대답을 정리하여 활동지에 적을 수 있도록 지도한다.

⑤ 질문에 적합한 관련 직업이 무엇인지 말해보도록 한다

## 활동내용

### ■ 꿈을 위한 실천목표 세우기

① [학생용 활동지 2]를 나누어 준다.

② 꿈을 이루기 위해 해야 하는 일들을 가에 자유롭게 적도록 한다.

※ 해야 할 일들을 쓰지 못하는 학생이 있으면 교사가 구체적인 예시를 들어준다.

③ 미션 1에 작성된 활동들을 미션 2에 공부 활동, 꿈 활동, 건강 활동, 보상 활동(하고싶은 활동) 등의 영역별로 나눠 작성해 보도록 한다. 가에 작성된 활동 이외의 활동을 추가할 수 있다고 알려준다.

④ 시간이 남으면 모둠별로 1명씩 발표하게 한다. 꿈을 이루기 위해 중요한 것은 노력이라고 강조하며 "바라기만 하고 아무 것도 노력하지 않으면 꿈은 이루어지지 않는다"는 것을 설명하며 마무리 한다.

모듈 2.1

# 꿈을 이루려면 무엇을 해야 할까?

활동 1

**미래에 무엇이 되고 싶나요?**
**미래의 내 모습을 상상하며 나의 꿈과 그 꿈을 가지게 된 이유를 적어보세요.**

| 꿈을 선택한 이유 |
|---|
| 나는 영어를 재미있게 가르치는 선생님이 될 것이다.<br><br>영어 선생님이 되려는 이유는<br><br>첫째, 내가 영어를 좋아하기 때문이다.<br>둘째, 아이들에게 내가 좋아하는 것을 가르치는 것은 매우 보람있는 일이기 때문이다. |

**활동 2** 꿈만 꾸는 사람은 꿈을 이룰 수 없습니다.
꿈을 위해 해야 하는 일을 자유롭게 적어보세요.

미션 1: 꿈을 위해 해야하는 일을 적어보세요.

미션 2: 꿈을 위해 실천해야할 일(실천목표)를 각 영역에 맞게 나눠서 적어 보세요.

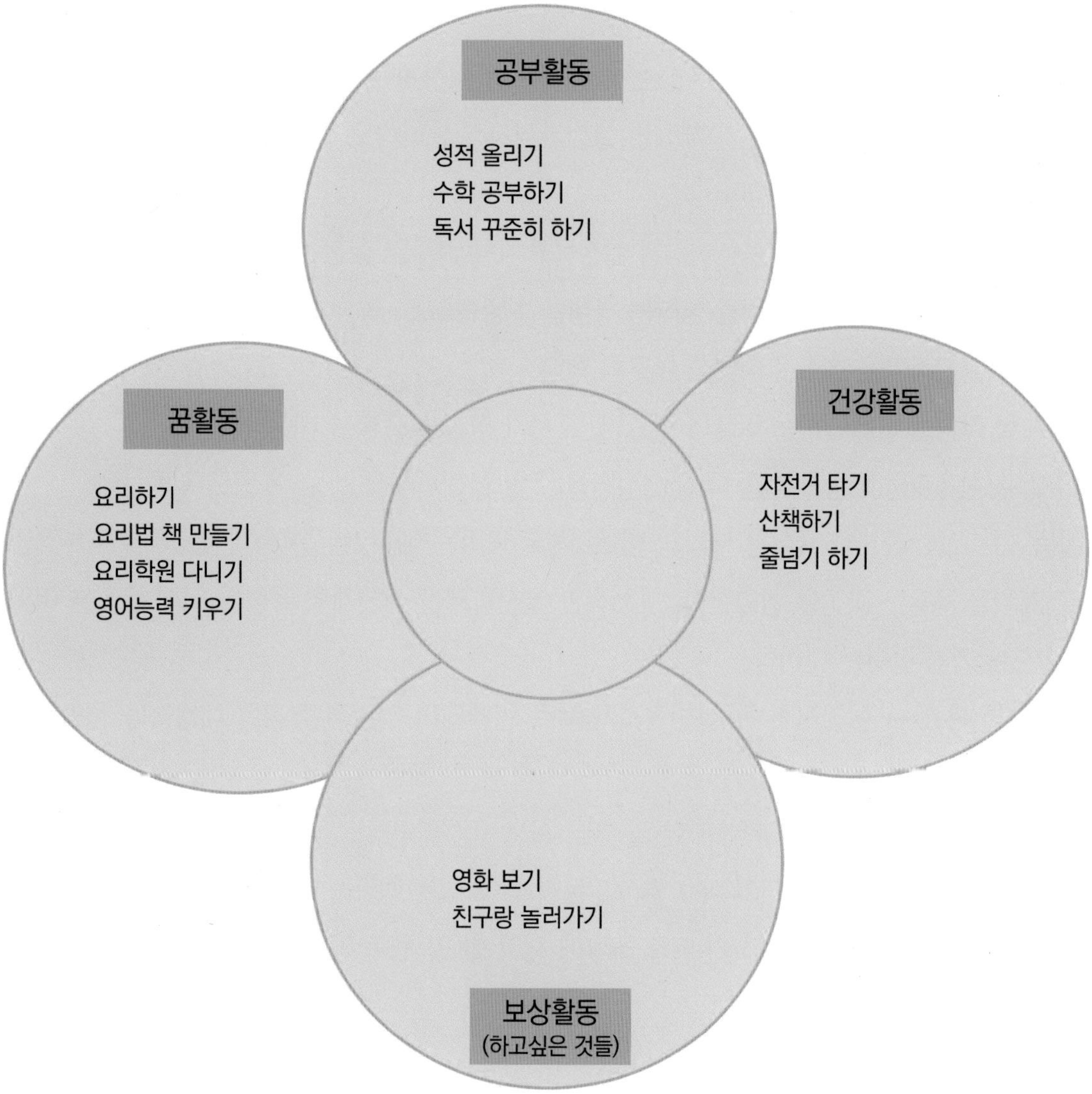

모듈 2.2

## 꿈을 이루기 위한 일주일 계획 세우기

| 준비물 | 주의점 | 소요시간 |
|---|---|---|
| 수업용 PPT, 학생용 활동지, 싸인펜(필기구) | 모듈 2.2은 모듈 2.1을 하고 해야하는 활동이다. | 20분 |

### 활동내용

■ 일주일 계획 작성방법 이해하기

꿈을 이루기 위해서는 현재 내가 할 수 있는 실천목표와 실천계획이 무엇인지 알아야 하며, 실천목표와 실천계획을 실행할 수 있는 구체적인 실천과제가 필요하다고 설명한다.

① [학생용 활동지 1]를 나누어 준다.

② 〈활동 1〉의 '요리사가 되고 싶은 누리의 실천목표에서 일주일 실천계획 찾기'라는 예시1을 통해 학생들에게 일주일 실천계획을 정하는 과정을 설명한다.

④ 활동지에 실천계획을 스스로 작성해 보도록 한다.

⑤ 실천계획 작성을 어려워하는 학생이 있으면, 교사가 직접 피드백을 해준다.

⑥ 일주일 실천계획을 바탕으로 좀 더 구체적인 일주일 실천과제를 세울 수 있도록 돕는다.

⑦ 〈활동 1〉 '요리사가 되고 싶은 누리의 한 주 계획'이라는 예시2를 통해 학생들에게 구체적인 주간계획을 세우는 과정을 설명한다. 구체적인 실천과제란 실천계획 달성을 위해 무엇을 어떻게 할 것인가를 정하는 것이다.

④ 꿈 ↔ 실천목표 ↔ 실천계획 ↔ 실천과제가 서로 연계되어 있는지 작성된 내용들을 점검해보도록 한다.

- 실천목표: 꿈을 이루기 위해 해야 할 일 (예) 독서 꾸준히 하기
- 실천계획: 실천목표를 달성하기 위해 일주일 동안 할 수 있는 행동들 (예) 일주일에 책 한권 읽기
- 실천과제 : 실천계획을 달성하기 위해 하루에 해야 할 일 (예) 어린왕자 책 읽기

## 활동내용

### ■ 꿈을 이루기 위한 일주일 계획 작성하기

꿈을 실현하기 위해 해야 할 실천목표들 중, 일주일간 실천할 수 있는 실천목표를 선정하여 일주일 실천계획과 그에 따른 실천과제를 세워보는 활동이다.

① [학생용 활동지 2]를 나누어 준다.

② 꿈을 이루기 위해서 현재 내가 할 수 있는 실천목표가 무엇인지 생각해보게 한다.

**Tip**

학생에게 모듈 2.1에서 작성한 공부 활동, 꿈 활동, 건강 활동, 보상 활동의 내용이 실천목표라고 설명한다.

③ 실천목표를 달성하기 위해 할 수 있는 행동들을 생각한 후 실천계획을 작성해보도록 한다.

④ 실천계획을 달성하기 위해 일주일 동안 해야할 일들을 생각한 후 실천과제를 작성해보도록 한다.

⑤ 계획 작성을 어려워하는 학생이 있으면, 교사가 직접 피드백을 해준다.

⑥ 시간이 남으면 모둠별로 1명씩 발표하게 한 후 꿈을 위한 실천계획과 실천과제를 실천할 수 있도록 격려한다.

모듈 2.2

# 꿈을 이루기 위한 일주일 계획 세우기

**활동 1** 요리사가 되고 싶은 누리의 목표를 자세히 살펴보세요.

예시 1: 요리사가 되고 싶은 누리의 실천과제에서 일주일 실천계획 찾기

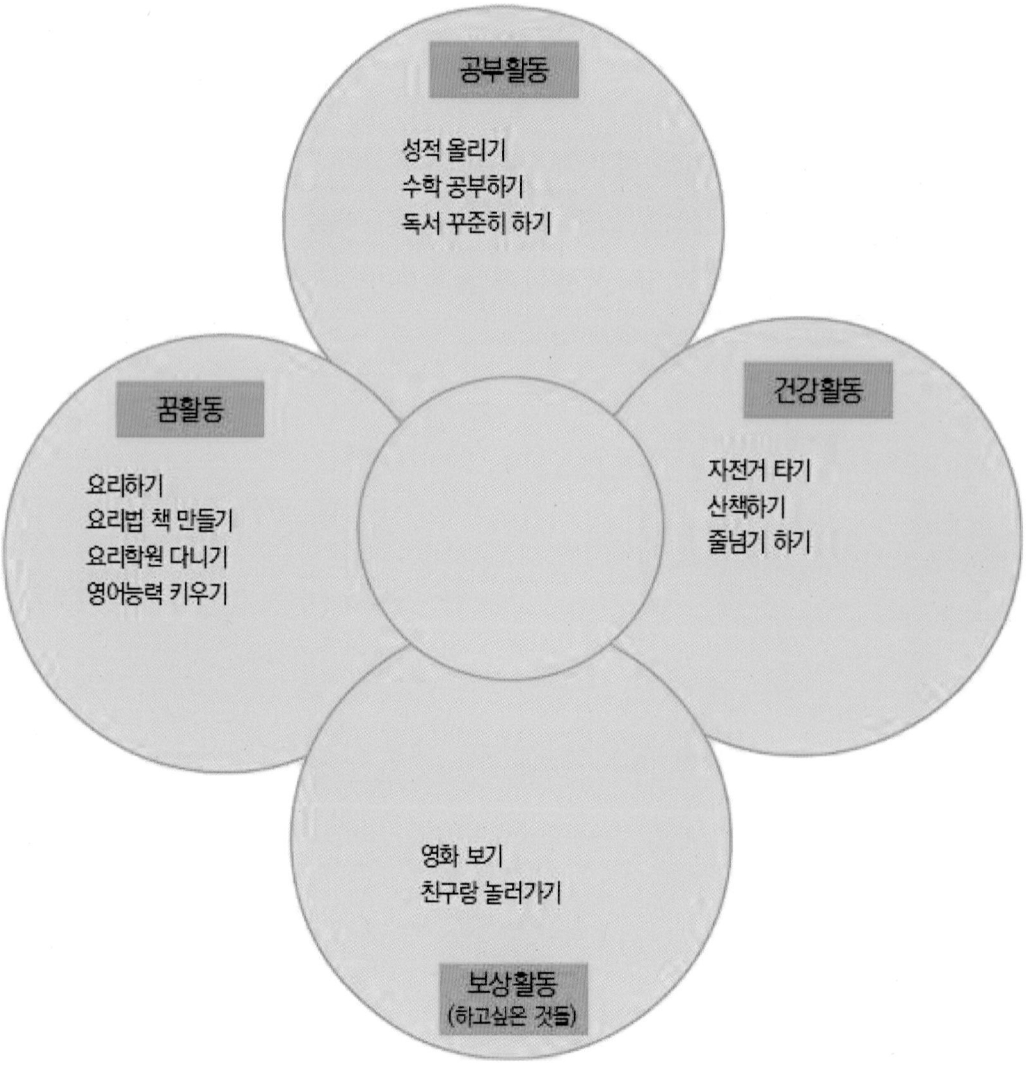

### 예시 2: 요리사가 되고 싶은 누리의 실천과제에서 일주일 실천과제

| 실천계획 | 실천과제 |
|---|---|
| 1. 일주일에 책 한권 | ◦ 하루 한 시간씩 독서하기<br>◦ 〈어린왕자〉 읽고 느낀 점 쓰기 |
| 2. 영어능력 키우기 | ◦ 영어 동화책 월, 수, 금 30분씩 듣고 따라 읽기 |
| 3. 수학공부 하기 | ◦ 5단원 분수의 나눗셈 복습하기<br>◦ 수학 학원 과제하기 |
| 4. 요리사 훈련<br>: 요리법 책 만들기 | ◦ 계란말이와 김치볶음밥 만들기 |
| 5. 건강 챙기기 | ◦ 지혜와 주말에 온천천에서 자전거 타기 |
| 6. 영화보기 | ◦ 애니메이션 영화 보러 가기 |

**활동 2** 꿈을 이루기 위한 일주일 실천계획을 정하고 이를 실천하기 위한 구체적인 과제를 세워보세요.

| 실천계획 | 실천과제 |
|---|---|
| 1. | |
| 2. | |
| 3. | |
| 4. | |
| 5. | |
| 6. | |

모듈 2.3

# 꿈을 이루기 위한 하루 3시간+ 계획표 작성하기

| 준비물 | 소요시간 |
| --- | --- |
| 수업용 PPT, 학생용 활동지, 싸인펜(필기구) | 20분 |

## 활동내용

### ■ 하루 3시간+ 법칙 설명하기

① 하루 3시간은 적은 시간이지만 1년이 모이면 1,095시간, 10년이 모이면 10,950시간(약 456일)이라는 많은 시간이 된다.

② 하루 3시간+ 법칙은 꿈을 이루기 위해서 매일 해야 할 일과 하고 싶은 일을 미루지 않고 실천할 수 있도록 도와주는 법칙이다.

③ 하루 3시간+ 법칙에 따라 숙제, 공부, 꿈 활동을 배분하여 계획표를 짜고 이를 실천하면 꿈에 가까워질 수 있다.

### ■ 하루 3시간+ 계획표 작성방법 익히기

① 학교수업이 끝난 후 해야 할 일에 무엇이 있는지 발표하도록 한다.

② 학교수업이 끝난 후 하고 싶은 일에 무엇이 있는지 발표하도록 한다.

③ [학생용 활동지 1, 2]를 나누어 준다.

④ 〈활동1〉에 제시된 꿈으로 가는 하루 3시간+ 법칙을 모둠별로 여러 번 같이 읽고 그 내용을 숙지하도록 한다.

⑤ 모둠별로 '하루 3시간+ 법칙'을 암기하게 하고 그 내용을 발표해 보도록 한다.

## 활동내용

### ■ 하루 3시간+ 계획표 작성하기

① 〈활동2〉에 일주일 동안 매일 학교숙제를 할 적당한 시간을 지정하여 기록한다.

② 〈활동2〉에 일주일 동안 매일 스스로 하는 공부시간을 정하여 기록한다.

③ 〈활동2〉에 일주일 동안 매일 꿈 활동을 할 적당한 시간을 지정하여 기록한다.

④ 각자 정한 내용을 지킬 수 있도록 모두 앞에서 발표하며, 모둠원과 선생님에게 증인으로 서명을 받게 한다. 이때 부모님의 서명을 받아오도록 하는 것도 좋은 방법이다.

⑤ 방과 후 해야 할 일을 학교숙제, 개인적인 공부, 꿈 활동으로 구분하도록 한다. 그리고 각 활동을 언제, 어떻게, 얼마동안 할 것인지에 대해 스스로 계획을 세우고 실천에 대해 점검을 하도록 연습시킨다.

**Tip**

하루 3시간+ 계획을 잘 실천하고 있는지 점검할 수 있다. 실천한 구체적인 내용과 시간을 쓰고, 그 활동이 만족스러웠는지에 대해 ○(만족), △(보통), ×(불만족)로 표시하게 한다. 일주일 동안의 실천이 잘 되었는지 스스로 평가해보고 반성해보도록 한다.

모듈 2.3

# 꿈을 이루기 위한 하루 3시간+ 계획표 작성하기

**활동 1** 꿈으로 가는 하루 3시간+ 법칙을 여러 번 읽고 기억하세요.

1

**나는 맡은 일을 다 하는 책임감을 키우기 위해서 하루 1시간 이상, 반드시 숙제를 하겠습니다.**

1. 숙제를 하는 시간이 길어질 경우, 개인공부 시간을 조정합니다.
(예: 숙제시간 1시간 30분 사용 ⇨ 개인공부는 30분만 해도 되고, 1시간으로 해도 됨)
2. 숙제가 적거나 없는 경우, 1시간을 다 채우지 않아도 되고, 개인 공부시간을 늘려도 됩니다.
(예: 숙제시간 30분 사용 ⇨ 개인공부 시간을 1시간으로 하거나, 1시간 30분으로 해도 됨)

2

**나는 공부의 주인이 되기 위해서 하루 1시간 이상, 꾸준히 개인적인 공부를 하겠습니다.**

1. 여기서 개인적인 공부는 숙제를 제외하고 내가 계획을 세워서 스스로 하는 공부를 의미합니다.
(예: 복습, 매일 영어단어 10개 외우기, 사이버스쿨 동영상 시청, 학습지 풀기 등)

3

**나는 꿈을 이루기 위해 하루 1시간 이상, 꿈 활동을 하겠습니다.**

1. 꿈활동 시간에는 주로 내 꿈과 관련된 활동을 합니다.
(예: 축구선수 → 축구하기, 가수 → 악기 다루기와 음악 감상, 디자이너 → 미술, 기타 → 꿈 관련 독서 및 정보수집 등)
2. 가능한 학교숙제나 자습을 먼저 한 후에 꿈 활동을 합니다.
낮에만 할 수 있는 활동인 경우(예: 친구들과 축구 또는 야구하기 등), 꿈 활동을 먼저 하되 숙제와 공부시간을 지키도록 다짐을 하고, 꼭 실천하여 자신에 대한 자부심을 높입니다.

**활동 2** 꿈으로 가는 하루 3시간+ 계획을 정하고, 친구들 앞에서 발표해 보세요.

**나는 _______ 되기 위해서 하루 3시간 이상,**
**이것을 꼭 지키겠습니다.**

첫째, 나는 맡은 일을 다하는 책임감을 키우기 위해서 ___시부터 ___시까지 숙제를 하겠습니다.

둘째, 나는 공부의 주인이 되기 위해서 ___시부터 ___시까지 개인적인 공부를 하겠습니다.

셋째, 나는 나의 꿈을 이루기 위해서 ___시부터 ___시까지 꿈 활동을 하겠습니다.

년 월 일

성명 (인)

| 선생님 확인란 | 부모님 확인란 |
|---|---|
| 성명 (인) | 성명 (인) |

**활동 3** 하루 3시간+ 계획을 정하고, 매일 하루 일과 후 점검하는 연습을 해 보세요.

월 일 요일

| | 내용 | 시간 | 만족도(○△×) |
|---|---|---|---|
| 학교숙제 | 1. 국어사전으로 단어 찾기<br>2. 일기쓰기 | 17:00~17:40<br>17:50~18:10 | ○<br>○ |
| 개인공부 | 1. 영어단어 15개 외우기<br>2. 수학 복습하기 | 20:00~20:30<br>20:40~21:10 | ○<br>△ |
| 꿈 활동 | 1. 꿈과 관련된 직업 검색해서 스크랩하기 | 21:30~22:00 | △ |

월 일 요일

| | 내용 | 시간 | 만족도(○△×) |
|---|---|---|---|
| 학교숙제 | 1. 국어사전으로 단어 찾기<br>2. 일기쓰기 | 17:00~17:40<br>17:50~18:10 | ○<br>○ |
| 개인공부 | 1. 영어단어 15개 외우기<br>2. 수학 복습하기 | 20:00~20:30<br>20:40~21:10 | ○<br>△ |
| 꿈 활동 | 1. 꿈과 관련된 직업 검색해서 스크랩하기 | 21:30~22:00 | △ |

월 일 요일

| | 내용 | 시간 | 만족도(○△×) |
|---|---|---|---|
| 학교숙제 | 1. 국어사전으로 단어 찾기<br>2. 일기쓰기 | 17:00~17:40<br>17:50~18:10 | ○<br>○ |
| 개인공부 | 1. 영어단어 15개 외우기<br>2. 수학 복습하기 | 20:00~20:30<br>20:40~21:10 | ○<br>△ |
| 꿈 활동 | 1. 꿈과 관련된 직업 검색해서 스크랩하기 | 21:30~22:00 | △ |

월 일 요일

| | 내용 | 시간 | 만족도(○△×) |
|---|---|---|---|
| 학교숙제 | 1. 국어사전으로 단어 찾기<br>2. 일기쓰기 | 17:00~17:40<br>17:50~18:10 | ○<br>○ |
| 개인공부 | 1. 영어단어 15개 외우기<br>2. 수학 복습하기 | 20:00~20:30<br>20:40~21:10 | ○<br>△ |
| 꿈 활동 | 1. 꿈과 관련된 직업 검색해서 스크랩하기 | 21:30~22:00 | △ |

chapter 03

# 꿈으로 가는 시간 만들기

**모듈 3.1** 시간관리는 왜 중요할까?

**모듈 3.2** 꿈을 이룬 위인들의 시간관리 엿보기

**모듈 3.3** 시간 개념 알아보기

**모듈 3.4** 나의 하루 살펴보기

CHAPTER 03

# 꿈으로 가는 시간 만들기

◉ 꿈을 이루려면 실제 생활에서 꿈으로 가는 시간을 만들어야 한다. 우리가 보내는 하루 중 실제로 쓸 수 있는 시간은 적고 꿈을 위해 사용할 수 있는 시간은 더 적으므로 시간을 효율적으로 사용하는 것이 중요하다.

◉ 제3장은 시간관리의 중요성을 이해하는 활동, 시간관리 방법을 익히는 역할극 활동, 시간관리의 개념을 이해하기 위해 친구와 나의 하루 살펴보는 활동으로 구성되어 있다.

◉ 꿈으로 가는 시간 만들기는 시간개념이 부족하고 시간관리의 필요성을 알지 못하는 학생을 위한 활동으로 누구나 쉽게 할 수 있도록 구성되어 있다. 따라서 본 활동은 학습수준과 관계없이 모든 대상에게 적용이 가능하나, 특히 초등학생에게 더 효과를 볼 수 있다.

## 목표

◉ 시간관리의 중요성에 대해 이해한다.

◉ 친구와 자신의 하루생활을 점검하고 꿈과 하루시간의 연계성을 확인한다.

◉ 꿈으로 가는 시간을 만들기 위한 각오를 다지고 실천하고자 하는 의지를 가진다.

## 준비물

◉ 교사용 지도안 및 활동지, 학생용 활동지, 수업용 PPT

◉ 4절지, 매직 또는 싸인펜(필기구)

◉ 강화물(사탕, 간식, 스티커 등), 포스트잇

모듈 3.1

# 시간관리는 왜 중요할까?

| 준비물 | 주의점 | 소요시간 |
|---|---|---|
| 수업용 PPT, 학생용 활동지, 4절지, 매직 또는 싸인펜(필기구) | 시간관리의 중요성을 인식하기 위해 시간관리를 하면 좋은 점을 의도적으로 외우게 하여 기억하도록 한다. | 20분 |

## 활동내용

### ■ 하루 시간은 얼마일까?

하루가 몇 시간, 몇 분, 몇 초로 이루어져 있는지 알아본다.

① 학생에게 수업 PPT 자료에 제시된 질문을 한다. 몇몇 학생들이 질문에 정답을 말하더라도 그 원리를 잘 설명해준다.

**Tip**

**이때 질문에 정확하게 대답할 경우 조별 스티커나 사탕 등의 보상을 제공하여 흥미를 유발하는 방법을 사용할 수도 있다.**

- ◦ 하루는 몇 시간으로 이루어져 있나요? 24시간
- ◦ 하루는 몇 분으로 이루어져 있나요? 1,440분 (24시간×60분)
- ◦ 하루는 몇 초로 이루어져 있나요? 86,400초 (1440분×60초)

② 시간의 가치를 돈과 연관 지어 설명한다.

③ “만약 매일 시간통장에 86,400원이 입금되는데 다음날 그 돈이 사라져 버린다는 것을 안다면 여러분은 어떻게 하겠습니까?”라고 학생들에게 질문한다.

④ 2~3명의 대답을 듣고 난 후 우리에게 매일 86,400초의 시간이 입금된다고 설명한다. 따라서 시간을 낭비하는 것은 돈을 낭비하는 것과 같다는 것을 알려주고 시간의 가치에 대해서 다시 생각해보게 한다.

## 활동내용

Tip 생각해볼 수 있는 것들의 예

- 입금된 돈을 어떻게 쓸 것인가?
- 현재 내가 꿈을 위해 쓰고 있는 돈이 얼마인가? (일주일 평균)
- 내 시간의 가치는 얼마나 될까? (유명한 사람들의 시급과 최저시급 비교)

### ■ 시간관리를 잘하면 좋은 점 알아보기

① 시간관리를 잘하면 좋은 점에 대해 물어본다. 개인별 발표 혹은 모둠별 토의를 시켜서 발표하도록 할 수 있다.

② 시간관리의 중요성에 대한 수업용 PPT의 내용을 모둠별로 암기하는 미션을 준다.

③ 4절지를 모둠별로 나누어 주고, 시간관리를 잘하면 좋은 점을 암기한 대로 쓰도록 한다.

④ 가장 먼저 완성한 모둠부터 발표하도록 한다.

⑤ 시간관리를 잘하는 방법도 위와 같은 순서로 진행한다.

⑥ 모둠활동이 끝난 후 [학생용 활동지 1]을 나누어주고 다시 한 번 그 내용을 적어 보도록 한다.

모듈 3.1

# 시간관리는 왜 중요할까?

## 활동 1 시간관리를 잘하면 좋은 점과 잘 할 수 있는 방법을 적어보세요.

### 시간관리를 잘 하면 어떤 점이 좋을까요?

① 시간 낭비를 줄여서 원하는 일을 할 수 있다.

② 미래에 원하는 꿈을 이룰 수 있다.

③ 집중력이 높아져 머리가 좋아진다.

④ 내가 결정한대로 행동할 수 있어서 자신감이 생긴다.

⑤ 미리 준비를 할 수 있어서 불안한 마음이 줄어든다.

⑥ 규칙적인 생활로 몸과 마음이 건강해진다.

⑦ 부모님과 선생님께 칭찬 받을 수 있다.

### 시간관리를 잘 할 수 있는 방법에는 무엇이 있을까요?

① 매일 계획을 세운다.

② 해야 할 일을 생각난 즉시 한다.

③ 해야 할 일이 너무 많으면 제일 중요하고 급한 일부터 한다.

④ 남는 시간(비는 시간)을 잘 활용한다.

⑤ TV 시청을 줄인다.

⑥ 컴퓨터 사용시간을 줄인다.

⑦ 메모를 잘한다.

모듈 3.2

# 꿈을 이룬 위인들의 시간관리 엿보기

| 준비물 | 소요시간 |
|---|---|
| 수업용 PPT, 학생용 활동지, 포스트잇, 싸인펜(필기구) | 20분 |

## 활동내용

### ■ 시간의 중요성을 인식할 수 있는 역할극하기

① [학생용 활동지 1,2,3]을 나누어 주고, 위인들이 실천한 시간관리에 대한 글을 읽은 후 그 내용을 역할극으로 표현해 봄으로써 시간관리의 중요성에 대해 이해할 수 있도록 한다.

② 위인들의 시간관리 방법에 대한 여러 가지 이야기 중 교사가 학생에게 가장 적합하다고 생각되는 이야기를 선택하여 학생들에게 제시하고, 모둠별로 역할극을 준비하여 발표하도록 한다.

Tip

모둠별로 다른 이야기를 제시하는 것이 다양한 시간관리 방법을 이해하는데 도움이 될 것이다.

③ 이때 모둠은 4~5명으로 구성하는 것이 좋으며, 가급적이면 수업 전에 미리 모둠을 구성해 두는 것이 좋다.

④ 모둠원 모두가 역할극에 참여할 수 있도록 지도하며, 대본을 봐도 되지만 가능한 대사를 외우는 것이 좋은 평가를 받는데 유리하다는 점을 설명한다.

⑤ 역할극 발표가 끝나면 모두가 눈을 감고, 자기 모둠을 제외한 가장 잘한 모둠에 손을 들게 한다.

⑥ 역할극을 마친 후 포스트잇을 나눠주고 역할극을 한 후 느낀 점을 적게 한다.

⑦ 반 전체 학생들이 역할극을 하면서 느낀 점을 써서 칠판에 붙이도록 한다. 선생님이 하나씩 읽어주면서 시간관리의 중요성을 다시 한 번 강조한 후 활동을 마무리 한다. 시간이 모자라면 붙여진 내용을 자유롭게 읽어보도록 한다.

모듈 3.2

# 꿈을 이룬 위인들의 시간관리 엿보기

## 활동 1 시간을 돈으로 여긴 벤자민 프랭클린

미국의 작가이며, 과학자, 외교관, 정치가로 유명한 벤자민 프랭클린의 이야기입니다. 가난한 집안에서 태어난 벤자민 프랭클린이 서점의 직원으로 일할 때 입니다. 한 손님이 들어와 책을 사면서 가격을 물어보았습니다.

"이 책의 가격이 얼마죠?"
"그 책의 가격은 5달러입니다."

그러자 손님은 책의 가격을 깎아 달라고 흥정을 하였습니다.

"책이 너무 비싼 거 같소, 가격을 좀 깎아주시오. 가격이 얼마면 되겠소?"
"그 책의 가격은 6달러입니다."
"그게 무슨 소리죠? 책의 가격이 얼마라고 하였소?"
"그 책의 가격은 이제 7달러입니다."

벤자민 프랭클린은 그 손님이 물건 값을 한번 깎아 달라고 할 때마다 물건 값을 더 올려서 이야기 했습니다.

"좀 전에는 5달러라고 하였는데 왜 7달러가 되었소?"

손님이 물건 값을 깎아 달라고 했는데 왜 가격을 더 올리느냐고 묻자 벤자민 프랭클린이 대답하였습니다.

"손님은 가격을 깎아 달라고 하면서 나의 귀중한 시간을 빼앗았기 때문에 나의 빼앗긴 시간만큼 가격을 더 올리는 것입니다."

(박은교, 2011)

## 활동 2 하루에 20시간 집중한 에디슨

토머스 에디슨은 백열등과 축음기 등 수많은 것을 발명해 인류가 편하게 살도록 해 준 세계적인 발명가예요. 미국 뉴욕 65번 에디슨의 전등 회사 앞에는 에디슨을 취재하기 위해 벌써 며칠째 기자들이 계속 몰려오고 있었어요. 하지만 에디슨이 너무 바쁜 탓에 아무도 그를 만날 수가 없었어요. 이에 오기가 생긴 마든이라는 기자는 에디슨의 회사 앞에서 3주 동안 천막을 치고 지내며 에디슨을 기다렸어요.

그러던 어느 날이었어요. 마든 기자는 마침내 에디슨이 회사에 나오는 것을 보았어요. 그러자 어디서 나타났는지 많은 기자들이 순식간에 몰려들었지요. 그런데 놀랍게도 에디슨은 마든 기자와 인터뷰를 하겠다고 말했어요. 바쁜 에디슨은 인터뷰 시간을 단 5분만 허락했어요. 마든 기자는 벅찬 마음으로 평소 궁금했던 것을 물어보았어요.

마 든: “발명이나 다른 분야에서 성공하려면 가장 필요한 것이 무엇이라고 생각하십니까?”

에디슨: “한 가지 일에 몸과 마음의 에너지를 모두 쏟아 부을 수 있는 능력입니다. 바로 집중력이지요.”

마 든: “하루 종일 연구에 빠져 계시다는 말은 이미 들었습니다. 대단한 집중력이에요.”

에디슨: “저는 하루 스무 시간 정도 일합니다. 제 나이가 지금 서른셋이지만 실제로는 예순여섯일 거예요. 남들보다 항상 두세 배로 일했으니까요.”

마 든: “하루에 스무 시간이나 일하시는 게 힘들지는 않으세요?”

에디슨: “그렇지 않습니다. 사람들은 하루 종일 어떤 일을 합니다. 생각해 보세요. 만일 아침 7시에 일어나서 밤 11시에 잠자리에 든다면 하루에 16시간을 활용할 수 있습니다. 대부분 사람들은 그동안 아무것도 하지 않고 멍하게 있지는 않지요. 일을 하고, 친구를 만나거나, 책을 읽고, 생각하고, 글도 씁니다. 하지만 나와 차이점이라면 사람들은 그 시간 동안 여러 가지 일을 하고, 나는 한 가지만을 한다는 거예요. 만일 사람들이 한 가지 일에만 시간을 집중해 쓴다면 누구나 성공할 수 있어요. 성공은 반드시 집중과 함께 있지요. 분명한 목표가 없기 때문에 집중하기 어려운 것이지, 한 가지 목표를 분명히 세우고 여기에 매달린다면 누구나 반드시 성공할 수 있습니다.

(박은교, 2011)

## 활동 3 아침 일찍 일어나 꿈을 이룬 빌게이츠

시계가 새벽 3시를 가리켰어요. 세상은 온통 쥐 죽은 듯 고요했지요. 빌 게이츠는 크게 기지개를 켜면서 이불 속에서 빠져나왔어요.

"아, 잘 잤다. 나는 무엇이든 할 수 있어. 왠지 오늘은 나에게 큰 행운이 생길 것 같아."

언제나처럼 빌 게이츠는 이렇게 혼잣말을 하고는 욕실로 향했어요. 빌 게이츠는 매일 아침 이런 주문을 외우면서 자기 마음을 다잡았답니다. 욕실에서 나온 빌 게이츠는 서재로 들어가 컴퓨터를 켰어요. 오늘 오후에 예정되어 있는 회의 준비를 하고, 어제 직원들이 보내온 메일을 확인했지요. 어느덧 먼동이 트자 아침 식사를 마친 빌 게이츠는 회사로 향했어요. 오전 7시 30분쯤 회사에 도착한 빌 게이츠는 비서의 반가운 인사를 받았어요.

미국의 컴퓨터 소프트웨어 회사인 마이크로소프트를 세운 빌 게이츠는 세계 최고의 부자라는 수식어와 함께 시간을 아끼는 데에도 둘째가라면 서러울 정도의 사람이지요. 그는 젊어서는 잠자는 시간을 빼고는 하루 종일 컴퓨터 연구에 매달릴 정도로 열정적으로 일했어요. 그런 그가 결혼을 해서 아이가 생기고 난 뒤부터는 시간을 효율적으로 관리하는 방법을 터득했어요. 그것은 매일 새벽 3시에 일어나서 7시 30분이면 회사로 향하는 것이었어요. 빌 게이츠는 시간 낭비야말로 인생에서 가장 큰 실수라고 여겼어요.

빌 게이츠가 얼마나 시간을 아끼는지를 알려 주는 또 다른 일화도 있답니다. 어느 날 그가 친구와 함께 서둘러 길을 가는데 땅에 2달러가 떨어진 것이 보였습니다. 하지만 빌 게이츠는 그걸 줍지 않고 지나쳤지요. 그것을 본 친구가 물었습니다.

"이보게. 2달러를 보고도 왜 그냥 지나치는 건가?" 그러자 빌 게이츠는 웃으며 이렇게 대답했어요.

"그걸 줍는 데 드는 시간이 더 아깝다네."

이렇게 빌게이츠는 자기 시간을 철저하게 관리했기 때문에 존경받는 세계 제일의 기업가가 될 수 있었답니다. 뿐만 아니라 그는 자신이 모은 재산을 아낌없이 세상에 다시 내놓아 많은 사람들을 감동시켰지요.

(박은교, 2011)

모듈 3.3

# 시간 개념 알아보기

| 준비물 | 주의점 | 소요시간 |
| --- | --- | --- |
| 수업용 PPT, 학생용 활동지, 싸인펜(필기구) | 시간계획표를 짤 수 있다는 것은 시간 개념을 이해하고 있으며, 각 시간과 일과 활동을 연계할 수 있는 능력이 있다는 사실이 전제가 된다. 이 활동은 시간계획 작성능력을 알아보기 위한 활동이다. | 20분 |

## 활동내용

### ■ 시간 개념 알아보기

① 시간 개념 알아보기는 '찬우의 하루'를 살펴보면서 하루 동안 찬우에게 일어난 사건들을 시간에 맞게 배열하고, 시간과 사건의 개념을 제대로 이해하고 있는지 알아보기 위한 활동이다.

② [학생용 활동지 1]을 나누어 준다.

③ 큰 소리로 〈활동 1-1〉의 내용을 다 같이 읽어보도록 한다.

④ 〈활동 1-1〉을 읽고 찬우의 하루 일과를 〈활동 1-2〉에 적어보게 한다.

⑤ 시간 순서에 맞게 찬우에게 일어난 일의 내용을 기록했는지 확인해본다.

### ■ 찬우의 하루 살펴보기

① 찬우의 하루일과를 살펴본 후 자신이 찬우라고 생각하고 〈활동 1-3〉, 〈활동 1-4〉, 〈활동 1-5〉를 작성하게 한다.

② 〈활동 1-3〉와 〈활동 1-4〉의 내용을 학생들이 발표하게 한다.

③ 〈활동 1-5〉 찬우에게 해주고 싶은 말은 전체 학생이 모두 발표할 수 있도록 한다.

④ 하루의 시간을 잘 보내기 위해서는 시간 계획을 작성하는 습관이 필요하다는 것을 다시 한번 강조하며 활동을 마무리한다.

모듈 3.3

## 시간 개념 알아보기

**활동 1-1** **다음 글을 읽고 찬우가 하루 일과를 살펴보세요.**

찬우는 매일 **오전 7시**에 일어납니다. **8시**까지 씻고 밥을 먹은 후 학교 갈 준비를 해서 집을 나섭니다. **오전 8시 30분쯤** 학교에 도착하고 **오후 2시**까지 학교에서 수업을 열심히 듣고 **3시 30분**까지 보충학습을 합니다. 오늘은 집에 돌아가려는 길에 성원이가 축구를 한판하고 집으로 돌아가자고 합니다. 그래서 축구를 했더니 시간이 어느덧 **5시 30분**이 되었습니다. 집에 돌아가자마자 찬우는 곧바로 TV를 켰습니다. 보통 저녁은 **7시쯤** 먹기 때문에 그 사이에 평소 좋아하는 만화 프로그램을 보았습니다. 퇴근하고 오신 어머니가 저녁을 차려주셨고, 찬우는 저녁을 먹으면서 일일드라마까지 시청했습니다. TV를 보는 중간에 어머니께서 숙제는 없냐고 물으셨습니다. 생각해보니 담임선생님께서 오늘 수학문제를 풀어오라는 숙제를 내주셨습니다. 들어가서 공부하라는 어머니의 재촉에 할 수 없이 찬우는 **8시 30분쯤** 방으로 들어갔습니다. 찬우는 책상에 앉았지만 집중이 잘 되지 않습니다. 일단 1시간만 컴퓨터 게임을 해야겠다고 생각하고 컴퓨터를 켰습니다. 컴퓨터 게임을 하다보니 멈출 수 없어 2시간이 넘게 하게 되었고 어느덧 시간은 **10시 30분**이 되었습니다. 찬우는 갑자기 숙제를 하지 않아 불안한 마음이 몰려오는 것을 느꼈습니다. 그래서 일단 매일 담임선생님께서 검사하시는 일기를 먼저 썼습니다. 수학숙제까지 하려고 했는데 갑자기 피곤이 몰려와 잠이 옵니다. 내일 담임선생님께 혼이 날 것 같지만 도저히 참을 수 없어 **11시**에 잠자리에 누웠습니다. 결국, 다음날 찬우는 수학 숙제를 하지 못해 담임선생님께 불려가서 크게 혼이 났습니다. 찬우는 늘 시간이 부족하다고 생각합니다.

**활동 1-2** 찬우가 하루동안 한 일을 시간순서대로 써 보세요.

| 시간 | 찬우가 한 일 |
|---|---|
| 오전 7시 | 일어나기 |
| ~ 오전 8시 | 씻고 밥을 먹은 후 학교 갈 준비 |
| ~ 오전 8시 30분 | 학교에 도착 |
| ~ 오후 2시 | 학교에서 수업 열심히 듣기 |
| ~ 오후 3시 30분 | 보충학습 |
| ~ 오후 5시 30분 | 성원이와 축구하기 |
| ~ 오후 7시 | 평소 좋아하는 만화 프로그램 보기 |
| ~ 오후 8시 30분 | 저녁을 먹으면서 일일드라마 시청하기 |
| ~ 오후 10시 30분 | 컴퓨터 게임하기 |
| ~ 오후 11시 | 일기쓰기 |
| 오후 11시 | 잠자기 |

## 활동 1-3 찬우는 왜 숙제를 하지 못했을까요? 여러 개를 선택해도 됩니다.

①, ②, ④, ⑤, ⑦ 가능

① TV를 너무 많이 봐서

② 컴퓨터 게임을 너무 많이 해서

③ 숙제를 기록해두지 않아서

④ 숙제를 계속 미뤄서

⑤ 계획을 세우고 일을 하지 않아서

⑥ 머리가 나빠서

⑦ 기타(숙제를 하지 않고 놀아서 등)

왜 그렇게 생각하나요?

## 활동 1-4 선생님께 혼이 나면서 찬우는 무슨 생각을 했을까요?

예) 다음부터는 숙제를 가장 먼저 해야겠다. 앞으로는 계획을 세워서 일을 처리해야겠다.

## 활동 1-5 늘 시간이 부족하다고 생각하는 찬우에게 무슨 말을 해주고 싶나요?

예) 찬우야, 다음번에는 하고 싶은 일보다 해야 할 일을 먼저 하면 좋겠다.

모듈 3.4

# 나의 하루 살펴보기

| 준비물 | 소요시간 |
|---|---|
| 수업용 PPT, 학생용 활동지, 싸인펜(필기구) | 20분<br>(30분) |

## 활동내용

### ■ 나의 하루 살펴보기

Tip

아래의 "나의 하루 학교생활 살펴보기"로 변경하거나 추가할 수 있다.

① 내가 보낸 하루일과를 잘 살펴보면 스스로 생활을 점검할 수 있고, 내일 계획을 더 잘 세워서 보다 효과적으로 하루를 보낼 수 있다는 것을 설명한다.

② [학생용 활동지 1]을 나누어 준다.

③ 학생들이 어제 일과를 활동지의 형식에 맞춰 구체적으로 적을 수 있도록 한다. 어제 있었던 일들을 잘 기억하지 못한다면 알림장이나 일기와 같은 자료를 활용할 수 있도록 지도한다.

④ 하루 생활을 분석하고 나서 느낀 점을 적은 후 발표하는 시간을 가진다.

### ■ 나의  하루 학교생활 살펴보기(10분) *선택

① 하루 중 가장 많은 시간을 보내는 "학교생활"을 어떻게 하고 있는지 스스로 되돌아 본 후, 자신의 생활을 점검하고 학교생활의 중요성을 인식할 수 있도록 돕는다.

② 조용히 눈을 감고 오늘 학교에서 어떤 과목을 배웠으며 무슨 내용을 배웠는지 또 나의 수업태도는 어떠했는지 질문하고 생각해보게 한다.

- ◦ 점심시간에는 무엇을 먹었는가? 점심을 먹고 나서 무엇을 했는가?
- ◦ 오늘 과제가 있다면 그 내용이 무엇인가? 과제를 언제 할 것인가?

활동내용

③ 오늘 학교생활에 대한 만족도를 10점을 만점으로 할 때 몇 점이나 줄 수 있는지, 그 이유가 무엇인지 발표해 보는 시간을 가진다.

■ 시간 주인 서약서 쓰기

① [학생용 활동지 2]를 나누어 준다.

② 자신의 하루 생활을 살펴본 후 앞으로 시간을 어떻게 보낼 것인지에 대해 생각해보고, 자신의 각오를 쓰는 시간을 가진다.

③ 각자 각오를 쓴 서약서를 발표하는 시간을 가진다.

모듈 3.4

## 나의 하루 살펴보기

**활동 1** **내가 어제 하루를 어떻게 보냈는지 질문에 답을 작성하고, 하루 일과를 살펴보고 느낀 점을 쓰세요.**

| 주요 일과 | 한 일 | 느낀 점 |
|---|---|---|
| 기상 | 몇 시에 일어났나요? | |
| 등교 | 몇 시에 학교에 도착했나요? | |
| | 지각은 하지 않았나요? | |
| 학교수업 | 수업시간표가 어떻게 되나요? | |
| | 나의 수업태도는 어땠나요? | |
| 저녁식사 전 | 어떤 일을 했나요? | |
| 저녁식사 후 | 어떤 일을 했나요? | |
| 잠들기 | 몇 시에 잠들었나요? | |
| 습관 | 학원이나 공부방에서 공부를 얼마나 했나요? | |
| | 스스로 공부를 얼마나 했나요? | |
| | 운동을 얼마나 했나요? | |
| | 취미생활을 얼마나 했나요? | |
| | 컴퓨터나 휴대폰 사용을 얼마나 했나요? | |
| | TV를 얼마나 봤나요? | |

**활동 2** 내 시간의 주인이 되기 위해 실천할 행동을 구체적으로 작성하고, 멋진 서명을 하여 서약서를 완성하세요.

# 서 약 서

1. 나는 앞으로 내 시간의 주인이 되겠습니다.

2. 나는 매일 5분이라도 계획을 세우려고 노력하겠습니다.

3.

4.

본인은 시간의 주인이 되기 위해서 이상과 같은 사항을 꼭 지킬 것을 약속합니다.

년 월 일

서 명 (인)

chapter 04

# 꿈을 향해 나아가기

# CHAPTER 04 꿈을 향해 나아가기

- 꿈을 향해 나아가려면 계획을 실천하는 힘이 필요하다. 계획을 실천하기 위해서는 해야 할 일과 하고 싶은 일을 구분하고, 우선순위에 맞게 일을 처리하는 것이 중요하다. 그리고 하루 또는 일주일 단위로 계획의 실천 상태를 점검하여 스스로 부족한 부분을 보완하려고 노력해야 한다. 특히 해야 할 일을 미루는 일이 자주 발생하게 되는 경우에는 왜 할 일을 미루는지 생각해보고, 그것을 극복하려고 노력해야 한다.
- 제4장은 시간 낚시 활동을 통해 우선순위를 정하는 방법, 시간 매트릭스를 통해 우선순위를 정하는 방법, 시간사용표를 활용하여 시간계획의 실천상태를 점검하는 방법, 미루기를 극복하는 방법을 알아보는 활동으로 구성되어 있다.
- [꿈을 향해 나아가기]는 시간관리 영역 중에서 계획 실천력과 시간관리 만족도를 높이기 위해 필요한 활동이다. 학습수준과 관계없이 모든 대상에게 적용이 가능하나 우선순위를 정하는 방법에서 시간 낚시 활동은 초등학생에게, 시간 매트릭스는 중학생에게 더 적합하다.

## 목표

- 우선순위를 정하는 방법을 알고 우선순위에 따라 계획을 실천한다.
- 시간사용표를 작성하여 시간계획을 점검하는 습관을 기른다.
- 미루는 습관의 원인을 알고 미루기를 극복하는 방법을 실천한다.

## 준비물

- 교사용 지도안 및 활동지, 학생용 활동지, 수업용 PPT
- 싸인펜(필기구)

모듈 4.1

# 시간 낚시하기

| 준비물 | 소요시간 |
|---|---|
| 수업용 PPT, 학생용 활동지, 싸인펜(필기구) | 20분 |

## 활동내용

### ■ 우선순위 정하는 방법 알기

① 꿈을 위한 계획을 실천하기 위해서는 해야 할 일과 하고 싶은 일을 구분하고, 해야 할 일을 먼저 실천하면 일을 미루지 않게 되어 자신이 원하는 목표를 달성할 수 있다고 설명한다.

② [학생용 활동지 1]을 나누어 준다.

③ 시간관리 방법을 낚시하는 방법에 비유하여 해야 할 일은 '노력 물고기', 하고 싶은 일은 '기쁨 물고기'로 설명한다.

④ 어제 하루 동안 노력 물고기와 기쁨 물고기를 몇 마리나 잡았는지 알아보게 한다.

### ■ 시간 낚시 방법 외우기

① [학생용 활동지 2]를 나누어 주고, 학생들에게 많은 돈을 벌 수 있는 낚시 방법을 가르쳐준다.

- 하루에 잡을 수 있는 물고기의 수를 생각한다. (보통 5~6마리)
- 낚시를 하기 전에 잡으려는 물고기의 종류를 구분한다.
- 노력 물고기를 먼저 잡고, 기쁨 물고기를 잡는다.

<벌칙> 하루 종일 기쁨 물고기만 잡을 경우, 수입은 0원이 된다.

<보너스> 노력 물고기 3마리당 기쁨 물고기 1마리를 잡으면 보너스 수입 5,000원이 발생한다.

② 학생들에게 많은 돈을 벌 수 있는 낚시 방법을 외우게 한다.

③ 많은 돈을 벌 수 있는 낚시 방법을 외워서 발표하도록 한다.

모듈 4.1

# 시간 낚시하기

**활동 1** 어제 하루 내가 잡은 물고기는 몇마리인가요?

| 내가 잡은 노력 물고기<br>(해야 할 일) | 내가 잡은 기쁨 물고기<br>(하고 싶은 일) |
|---|---|
| 학교숙제하기, 학원숙제하기(영어단어 외우기), 꿈과 관련된 독서 30분하기, 심부름하기 | TV 프로그램 보기, 지현이랑 카O하기, 휴대폰으로 웹툰보기 |
| 노력 물고기의 수 : 총 __4__ 마리 | 기쁨 물고기의 수 : 총 __3__ 마리 |

## 활동 2 많은 돈을 벌 수 있는 시간 낚시 방법

① 하루에 잡을 수 있는 물고기의 수를 생각한다.
예) 1시간을 1마리로 계산할 때 보통 5~6마리

② 낚시를 하기 전에 잡으려는 물고기의 종류를 구분한다.

③ 노력 물고기를 먼저 잡고, 기쁨 물고기를 잡는다.

★ 하루 종일 기쁨 물고기만 잡을 경우, 수입은 0원이 된다.
★ 노력 물고기 3마리당 기쁨 물고기 1마리를 잡으면 보너스 수입 5,000원이 발생한다.

모듈 4.2

# 시간 매트리스

| 준비물 | 소요시간 |
|---|---|
| 수업용 PPT, 학생용 활동지, 싸인펜(필기구) | 20분 |

## 활동내용

### ■ 우선순위 정하는 방법 연습하기

① [학생용 활동지 1]을 나누어 준다.

② 우선순위를 정할 때 중요하고 긴급한 것을 '1순위', 긴급하지는 않지만 중요한 것을 '2순위', 하고 싶은 일을 '3순위'로 둔다는 것을 학생들에게 활동지에 있는 예시를 들어가며 설명한다.

③ 〈활동1-1〉에 있는 여러 가지 일들 중에서 우선순위를 정하는 방법을 이해하고, 〈활동1-2〉에서 실제 우선순위를 정해보도록 한다.

④ 중요도와 긴급도를 별로 표시한 후 별의 개수가 가장 많은 것부터 우선적으로 실천하도록 지도한다.

Tip 별을 사용하여 여러 가지 일들 중에서 우선순위 정하는 방법

- 중요: 학교과제나 시험준비는 ★★★ 꿈 관련 활동이나 개인공부, 학원과제는 ★★
- 긴급: 오늘은 ☆☆☆, 내일은 ☆☆, 그 이상은 ☆
- 별의 개수가 같은 경우에는 긴급의 별이 많은 것부터 하기
- 하고싶은 일은 원하는 순서대로 하기

## 하루 일과에서 우선순위 정하는 방법

1순위. (빨간색) 반드시 해야 하는 중요하고 급한 것

: 시험 전 날에는 늘 해왔던 태권도나 미술 학원가는 일은 잠시 미뤄두고 시험공부에 집중해야겠죠?

2순위. (파란색) 지금 당장 안 해도 되지만 중요한 것

: 꿈과 관련된 활동들은 지금 당장은 효과를 알 수 없지만 꾸준히 하다보면 큰 변화를 가져다줍니다.

3순위. (초록색) 하고 싶은 일

: 오늘 하루 수고한 나를 위한 보상으로 하고 싶은 일을 합니다.

## 모듈 4.2

# 시간 매트리스

**활동 1-1** 여러가지 일들의 우선순위를 매겨보세요.

| 일의 내용 | 기한 | 물고기 | 중요 | 긴급 | 순위 |
|---|---|---|---|---|---|
| 학교 국어숙제하기 | 내일 | 노력 | ★★★ | ☆☆ | 2 |
| 학원 수학복습하기 | 내일 | 노력 | ★★ | ☆☆ | 3 |
| 학원 영어단어시험 | 오늘 | 노력 | ★★ | ☆☆☆ | 1 |
| 학교 시험공부하기 | 다음주 | 노력 | ★★★ | ☆ | 4 |
| TV시청하기 | 오늘 | 기쁨 | | ☆☆☆ | 5 |
| 컴퓨터 웹툰 보기 | | 기쁨 | | | 6 |

※ 중요: 학교과제나 시험공부는 ★★★, 꿈과 관련된 활동, 개인공부나 학원과제는 ★★

※ 긴급: 오늘은 ☆☆☆, 내일은 ☆☆, 그 이상은 ☆

별표의 개수가 같을 때는 긴급의 별이 많은 일을 먼저 하기, 하고 싶은 일은 본인이 원하는 일 먼저 하기

## 활동 1-2 여러가지 일들의 우선순위를 매겨보세요.

| 일의 내용 | 기한 | 물고기 | 중요 | 긴급 | 순위 |
|---|---|---|---|---|---|
| 독서하기 | | 노력 | ★ | | 5 |
| 학교 수학 숙제하기 | 내일 (오전) | 노력 | ★★★ | ☆☆ | 1 |
| 학원 영어 숙제하기 | 내일 (저녁) | 노력 | ★★ | ☆☆ | 2 |
| 일기 쓰기 | 오늘 | 노력, 기쁨 | | ☆☆☆ | 3, 4 |
| TV 시청하기 | 오늘 | 기쁨 | | ☆☆☆ | 3, 4 |
| 컴퓨터 게임 하기 | | 기쁨 | | | 6 |

※ 중요: 학교과제나 시험공부는 ★★★, 꿈과 관련된 활동, 개인공부나 학원과제는 ★★, 기타 노력 물고기 ★

※ 긴급: 오늘은 ☆☆☆, 내일은 ☆☆, 그 이상은 ☆

별표의 개수가 같을 때는 긴급의 별이 많은 일을 먼저 하기, 하고 싶은 일은 본인이 원하는 일 먼저 하기

# 모듈 4.3
## 시간 사용 점검하기

| 준비물 | 소요시간 |
|---|---|
| 수업용 PPT, 학생용 활동지, 싸인펜(필기구) | 20분 |

### 활동내용

■ **하루 일과표 작성하고 점검하기**

① 초등학생에게는 [학생용 활동지 1], 중학생에게는 [학생용 활동지 2]를 나누어 준다.

② 지금까지 배운 내용들을 바탕으로 시간을 효과적으로 활용하고, 그렇게 활용한 시간을 매일매일 기록하고 점검하는 것이 중요하다는 것을 설명한다.

③ 어제 하루 일과표를 작성한다. 하루 일과표를 작성할 때는 구체적으로 작성할 수 있도록 지도한다.

④ 하루 일과표를 살펴보며 하루 동안 노력 물고기와 기쁨 물고기를 각각 몇 마리나 잡았고, 총 수입이 얼마인지 계산해 보게 한다. (노력: 4000원, 기쁨: 1000원)

⑤ 하루 일과표를 살펴보며 자신의 시간 사용에 대해 느낀 점과 앞으로 실행할 점들을 적어보게 한 후 모두 발표를 하게 한다.

⑥ 매일 일과표를 작성해 시간 사용을 점검하면 하루를 알차게 보낼 수 있다는 것을 설명하고 학생들을 격려한다.

모듈 4.3

# 시간 사용 점검하기

**활동 1-1** 오늘 하루 일과표를 작성해 보세요.

초등학생용

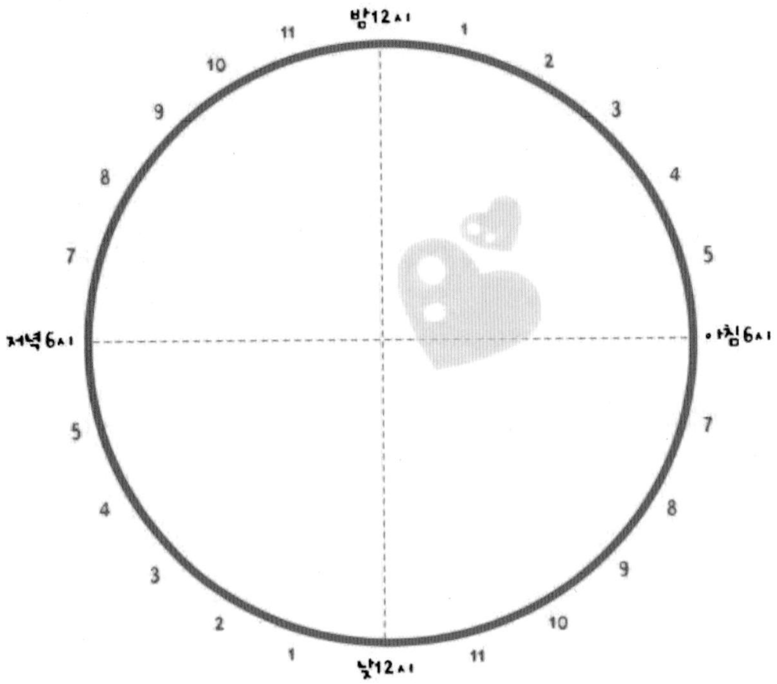


내가 잡은 노력 물고기(4,000원)

총 ______ 마리

오늘 내가 느낀 점과 앞으로 실행할 점은?

내가 잡은 기쁨 물고기(1,000원)

총 ______ 마리

오늘 나의 총 수입은?

*기쁨 물고기만 잡았을 경우 수입은 0원
*노력 물고기 3마리당 기쁨 물고기 1마리를 잡았을 경우 보너스 수입 5,000원

총 __________ 원

**활동 1-2** 오늘 하루 일과표를 작성해 보세요.

중학생용

| 일의 내용 | 기한 | 중요 | 긴급 | 순위 | 실천여부(%) |
|---|---|---|---|---|---|
| | | | | | |
| | | | | | |
| | | | | | |
| | | | | | |
| | | | | | |
| | | | | | |

나의 시간관리 점수는?

_______ / 10점

그 이유는?

오늘 내가 느낀 점과 앞으로 실행할 점은?

모듈 4.4

# 미루기 극복하기

| 준비물 | 소요시간 |
| --- | --- |
| 수업용 PPT, 학생용 활동지, 싸인펜(필기구) | 20분 |

## 활동내용

### ■ 미루는 원인 알아보기

① [학생용 활동지 1]을 나누어 준다.

② 〈활동 1-1〉에서 자신이 최근에 미루었던 일이 무엇이었는지 생각해본다. 그리고 일을 미루었던 이유가 무엇인지 생각하여 활동지에 써보게 한다.

③ 해야 할 일을 미루는 이유에 대해 발표해 보도록 한다.

④ 미루기를 극복하기 위해서는 자신이 왜 그 일을 미루는지 아는 것이 도움이 된다고 설명한다.

"개인이 일을 미루는 이유는 다양합니다. 그러나 누구든지 미루는 행동이 반복되면 습관이 됩니다. 이렇게 미루는 행동은 꿈을 향해 나아가는데 큰 방해물이 되어, 자신을 지치게 하고 꿈을 포기하게 만듭니다. 자신이 왜 일을 미루는지 알아보고 극복하기 위해 노력해야 합니다."

### ■ 미루기를 극복하는 방법 알아보기

① 〈활동 1-2〉에 제시된 미루기를 극복하는 방법들을 설명해준다.

- 일을 끝내는 시간을 정한다.
- 일을 끝내면 나에게 줄 보상을 정한다.
- 큰 단위의 일은 작은 단위로 나누어 여러 번에 걸쳐서 한다.
- 해야 하는 일이 많으면 가장 하기 싫은 일부터 한다.
- 게임을 한다고 생각하고 자신과의 싸움에서 이기는 재미를 느낀다.

② 설명을 듣고 미루기 극복방법을 활동지에 정리해 보도록 한다. 그리고 자신에게 적합한 미루기 극복방법을 선택하여 실천할 수 있도록 권장한다.

## 활동내용

### ■ 시간과 관련된 명언 외우기

① [학생용 활동지 2]를 나누어 준다.

② 〈활동 2〉에 제시된 시간 관련 명언을 큰 소리로 다 같이 읽어 보도록 한다.

③ 제한시간을 5분을 주고 시간과 관련된 명언들 중에 가장 마음에 드는 명언 3개를 외우게 한다.

④ 시간 관련 명언을 외움으로써 시간을 소중히 하고 미루는 행동을 극복하겠다는 의지를 다지게 한다.

모듈 4.4

# 미루기 극복하기

**활동 1-1** 최근에 내가 해야 할 일 중에 미룬 일은 무엇인가요? 그 일을 미룬 이유는 무엇인가요?

**활동 1-2** 미루기를 극복하는 방법에는 무엇이 있을까요?

① 일을 끝내는 시간을 정한다.
② 일을 끝내면 나에게 줄 보상을 정한다.
③ 큰 단위의 일은 작은 단위로 나누어 여러 번에 걸쳐서 한다.
④ 해야 하는 일이 많으면 가장 하기 싫은 일부터 한다.
⑤ 게임을 한다고 생각하고 자신과의 싸움에서 이기는 재미를 느낀다.

**활동 2** **시간에 대한 명언을 잘 보이는 곳에 적어두고 자주 읽어본다면 시간을 소중히 하겠다는 마음을 항상 간직할 수 있어요. 여러 위인들이 말한 시간에 대한 명언들을 외워서 내 것으로 만들어 보세요.**

- 하루하루를 우리의 마지막 날인 듯이 보내야 한다.

푸블릴리우스 시루스(로마 시대의 시인)

- 시간과 정성을 들이지 않고 얻을 수 있는 결실은 없다.

발타사르 그라시안(에스파냐의 철학자)

- 변명 중에서 가장 어리석고 못난 변명이 '시간이 없어서' 라는 변명이다.

에디슨(발명가)

- 오늘 할 수 있는 일을 내일로 미루지 말라.

필립 체스터필드(영국의 정치가)

- 인간은 항상 시간이 모자란다고 불평하면서 마치 시간이 무한정 있는 것처럼 행동한다.

세네카(스토아학파 철학자)

- 오늘이 두 번 다시 오지 않는다는 것을 잊지 말라.

알리기에리 단테(이탈리아의 시인)

- 내가 헛되이 보낸 오늘 하루는 어제 죽어간 이들이 그토록 바라던 하루이다.

소포클레스(그리스의 시인)

- 시간이 가장 기본이다. 이것을 관리하지 않으면 다른 것은 아무것도 관리할 수 없다.

피터 드러커(미국의 경영학자)

- 낭비한 시간에 대한 후회는 더 큰 시간 낭비이다.

메이슨 쿨리(미국의 작가)

## 참고문헌


교육부(2014). 초등학교 4학년 1학기 읽기.
교육부(2013). 초등학교 5학년 과학.
교육부(2013). 초등학교 6학년 국어.
교육부(2009). 초등학교 5학년 1학기 읽기.
김동일, 신을진, 이명경, 김형수 공저(2011). 학습상담. 서울: 학지사.
김소영, 서봉금, 김정섭(2014). 목표설정 중심의 시간관리 프로그램이 중학생의 진로 자기효능감에 미치는 효과. 사고개발, 2014,10(2), 31-47.
김소영, 최지만, 김정섭(2013). 학습컨설팅 프로그램이 초등학교 학습부진아의 주의집중력에 미치는 효과. 사고개발, 2013, 9(3), 43-61.
김영채(2005). 생각하는 독서. 서울: 박영사.
김영채(2011). 독서이해와 글쓰기. 서울: 교육과학사.
김의식(2012). 바보처럼 공부하고 천재처럼 꿈꿔라. 서울:명진출판.
김정섭(2009). 학습컨설팅의 중요성과 학습 컨설턴트의 역할. 학교심리와 학습컨설팅, 1(1), 19-33.
김정섭(2012). 교수학습센터를 위한 학습컨설팅. 교육심리연구, 26(4), 837-851.
김지영(2013). 자기조절학습프로그램이 초등 학습부진아의 학습동기와 학습전략에 미치는 영향. 부산대학교 대학원 석사학위 논문.
김지영, 김정섭(2014). 학교기반 학습컨설팅 프로그램이 초등학생의 학습전략에 미치는 효과. 학습자중심교과교육학회지, 14(6), 169-192.
김현영, 정영선(2010). 청소년을 위한 학습상담. 서울: 시그마프레스.
노지영(2011). 어린이를 위한 시간관리의 기술. 경기도: 위즈덤하우스.
박수홍, 안영식, 정주영(2010). 체계적 액션러닝. 서울: 학지사.
박은교(2011). 세계 1등 위인들이 들려주는 아주 특별한 시간관리 습관. 경기도: 니케북스.
사이언 베일락(2011). 부동의 심리학(박선령 역). 경기도: 21세기북스.
소년한국일보(2102). "꽃 · 풀잎 우산 속으로… 곤충들의 폭우 피하는 요령". 7월 29일.
신현숙(2005). 독서교육. 서울: 홍진P&M.
어린이동아(2012). "지구촌 '탄소 없애기' 대작전". 3월 12일.
어린이 동아(2012). "뜨거워진 한반도, '경북포도' 옛말". 8월 14일.
어린이 동아(2012). "확대되는 녹조현상". 8월 9일.
윤채영(2011). 전문가 모형의 학교기반 학습컨설팅 적용이 학습전략에 미치는 효과. 교육심리연구, 25(3), 545-567.
윤채영, 김정섭(2015). 학교기반 학습컨설팅 모형개발. 한국교육, 42(1), 107-135.
윤채영, 김정섭(2010). 예방적 학습컨설팅이 전환기 중학생의 학업동기에 미치는 영향. 중등교육연구, 58(3), 381-408.
윤채영, 황두경, 김정섭(2012). 초등 학습부진아와 일반아의 학업동기와 학습전략 특성 비교. 사고개발, 8(2), 125-149.
윤현주, 윤소영, 김정섭(2009). 주의집중전략 훈련이 초등학생의 학습태도와 학업성취도에 미치는 영향. 학교심리와 학습컨설팅, 1(1), 67-78.
이채윤(2006). 컴퓨터 병을 고치는 의사 안철수. 서울: 보물섬.
이화진, 임혜숙, 김선, 송현정, 홍순식, 조난심(1999). 초등학교 학습부진아용 교수-학습자료 개발: 학습동기 전략 프로그램 (CRC 1999-2). 서울: 한국교육과정평가원.
전도근(2012). 공부의 달인이 되는 기억력과 암기력 향상 전략(교사용 지도서). 서울: 학지사.
전도근(2011). 공부의 달인이 되는 기억력과 암기력 향상 전략(학생용 워크북). 서울: 학지사.
전도근(2010). 자기주도적 학습전략 시리즈 2: 공부의 달인이 되는 주의 집중력 향상 전략 교사용 지도서. 서울: 학지사.
정미선, 정세영(2012). 영재학생과 일반학생의 학습양식 비교. 영재교육연구, 2012, 22(2), 39-59.
정세영, 김정섭(2013). 전환기 중학생의 학습동기와 학습전략의 관계. 사고개발, 2013, 9(1), 161-176.
천경록, 이경화 역(2003). 독서지도론, 서울: 박이정.
최동선, 정향진, 이민욱, 문한나, 추연우, 현지훈(2014). 국가직무능력표준(NCS)학습모듈 활용방안 연구. 서울: 한국직업능력개발원.
최정원, 이영호(2006). 시험불안 다루기 전략 및 시험전략. 서울: 학지사.
표시정(2007). 은혜갚은 꿩. 서울: 씽크하우스.
한국콘텐츠진흥원(2005). "산사의 소리, 은혜 갚은 꿩". http://www.culturecontent.com (2015.8.20. 방문).
호아킴 데 포사다(2009). 마시멜로 이야기. 서울: 한국경제신문사.
황경렬(1997). 행동적, 인지적, 인지-행동 혼합적 시험불안 감소훈련의 효과비교. 한국심리학회지: 상담과 심리치료, 9(1), 57-80.
황두경, 김정섭(2014). 초등학교 학습부진학생의 시간관리능력과 학업적 자기효능감에 대한 시간관리 학습전략 프로그램의 효과. 사고개발, 10(4), 39-57.
Bobb Biehl, B., & Paul Swets. (2012). 꿈을 향한 31일간의 여행(박영인 역). 경기도: 큰나무(원저 2007에 출판).
Carolyn, C. (2012). 학습부진아 지도를 위한 220가지 전략 학습코칭(정종진 역.). 서울: 시그마 프레스(원저 2001 출판).
Finch, C. R., & Crunkilton, J. R.(1999). Curriculum development in vocational and technical education. planning, content, and implementation, MA : Allyn and Bacon.
Stephen R. Covey., A. Roser Merrill., & Rebecca R. Merrill. (1997). 소중한 것을 먼저 하라(김경섭 역). 서울: 박영사(원저 1994에 출판).

## 공저자약력

**김정섭**(KIM JungSub)
창의성교육, 비판적사고, 칭찬프로그램개발에 관심을 가지고 연구를 하였고, 최근에는 학습컨설팅을 토대로 한 학교심리학에 많은 관심을 가지고 있다. 현재 부산대학교 교육학과 교수로 근무하고 있다.
creativejin@pusan.ac.kr

**강명숙**(KANG MyungSuk)
인지, 정서, 행동문제로 어려움을 겪고 있는 학생들의 적응을 위한 학습컨설팅 및 창의력교육에 관심을 가지고 연구하고 있다. 현재 한국학습컨설팅센터장으로 근무하고 있다.
kangms386@hanmail.net

**윤채영**(YOON ChaeYoung)
학습컨설팅, 학습부진, 학습전략, 학습몰입, 학업중단, 학사경고 등에 관심을 가지고 연구하고 있다. 현재 신라대학교 교육혁신본부 교수로 근무하고 있다.
chaeyoungy@hanmail.net

**정세영**(JUNG SeYoung)
창의력과 글 이해에 대하여 관심을 가지고 연구하였고, 최근 학습컨설팅과 창의적 학습에 많은 관심을 가지고 있다. 현재 계명대학교 교수학습개발센터 교수로 근무하고 있다.
308580@hanmail.net

**김지영**(KIM JiYoung)
학습부진, 학습동기 및 학습전략에 관심을 가지고 연구하였으며, 최근 대학생의 진로/학습컨설팅과 수업참여에 많은 관심을 가지고 있다. 현재 경남대학교 대학혁신지원사업단 교수로 근무하고 있다.
chinkuya@hanmail.net

**김소영**(KIM SoYeong)
진로상담, 학습자 심리정서조절, 학습부진아 학습컨설팅, 진로학습컨설팅에 관심을 가지고 연구하고 있다. 현재 영산대학교 교수학습개발원 교수로 근무하고 있다.
donald9328@gmail.com

**황두경**(HWANG DuGyeong)
학습부진 및 시간관리에 관심을 가지고 연구를 하였고, 최근에는 대학생의 학습역량 강화 프로그램 개발에 많은 관심을 가지고 있다. 현재 동의대학교 교수학습개발센터 교수로 근무하고 있다.
hdk1225@deu.ac.kr

## 학습컨설팅 프로그램 시리즈

### 학습전략 프로그램

: 학습컨설턴트, 교사 등 전문가들을 위한 학습전략 프로그램 사용 안내서

- 학습전략 프로그램 1 : 시간관리
- 학습전략 프로그램 2 : 집중전략
- 학습전략 프로그램 3 : 기억전략
- 학습전략 프로그램 4 : 읽기전략
- 학습전략 프로그램 5 : 시험관리

### 학습전략 프로그램 워크북

: 프로그램에 따른 학습전략 사용능력 향상을 위한 실전용 학생 개별 활동지

- 학습전략 프로그램 워크북 1 : 시간관리
- 학습전략 프로그램 워크북 2 : 집중전략
- 학습전략 프로그램 워크북 3 : 기억전략
- 학습전략 프로그램 워크북 4 : 읽기전략
- 학습전략 프로그램 워크북 5 : 시험관리

학습컨설팅 시리즈

학습전략 프로그램 01 시간관리

초판발행 2020년 3월 4일

공저자 김정섭 · 강명숙 · 윤채영 · 정세영 · 김지영 · 김소영 · 황두경
펴낸이 이선경

편 집 조보나
기획/마케팅 이선경
표지디자인 조아라
제 작 우인도 · 고철민

펴낸곳 ㈜ 피와이메이트
서울특별시 금천구 가산디지털2로 53 한라시그마밸리 210호(가산동)
등록 2014. 2. 12. 제2018-000080호
전 화 02)733-6771
f a x 02)736-4818
e-mail pys@pybook.co.kr
homepage www.pybook.co.kr
ISBN 979-11-6519-000-2 94370
979-11-6519-010-1 94370(세트)



정 가 13,000원

박영스토리는 박영사와 함께하는 브랜드입니다.